Lucida Schmieder OSB | Bernhard Sill

Kleine Schule des Betens

„Da brannte der Dornbusch..."

18,50€

Lucida Schmieder OSB
Bernhard Sill

Kleine Schule des Betens

„Da brannte
der Dornbusch..."

Mit Bildern
von Pia Foierl

Umschlagbild: Pia Foierl, Brennender Dornbusch

1. Auflage 2009
Deutsche Erstausgabe

eos

Copyright © 2009 by EOS Verlag Sankt Ottilien
mail@eos-verlag.de
www.eos-verlag.de

ISBN 978-3-8306-7373-6

Bibliografische Information der Deutschen Bibliothek
Die Deutsche Bibliothek verzeichnet diese Publikation in der
Deutschen Nationalbibliografie; detaillierte bibliografische Angaben
sind im Internet unter http://dnb.ddb.de abrufbar.

Umschlagentwurf: Martina Heuer, Präsenz Kunst und Buch
Druck: Friedrich Pustet KG Regensburg

Bernhard Fraling
zum 80. Geburtstag

Inhalt

Vorwort 11

ERSTER TEIL
„HERZ-WERK" BETEN
von Bernhard Sill

I.   Leben und beten – beten und leben 15

II.   Selbstbegegnung und Gottesbegegnung
im Gebet 20

III. Sich und sein Leben ins Gebet nehmen 24

IV. Das „kleine Pfingsten" des Gebets 28

V.   Das Sprachspiel unseres Lebens
als das Sprachspiel unseres Betens.......... 31

VI. Der betende Mensch und der hörende Gott... 33

VII. Erzählend beten – betend erzählen 37

VIII. Betend schweigen – schweigend beten 41

IX. Klage als Gebet – Gebet als Klage 44

X.   Die Kunst des Betens
als die Kunst des Segnens 48

XI. Die „kinderschwere" Kunst des Betens....... 51

XII. Fünf „goldene" Regeln für alle,
      die BeterInnen werden und bleiben wollen . . .   54

XIII. Beten und handeln – handeln und beten   57

XIV. Gebet – ein „kleiner Ruf, der in den großen
      Himmel dringt" (Bischof Klaus Hemmerle). . . .   66

ZWEITER TEIL
WEGE DES BETENS
EINÜBUNG UND AUSÜBUNG
von Lucida Schmieder OSB

Einleitung   69

I.   Quellen des Betens.   72

     1. Mit der Bibel beten – die lectio divina   72

     2. Der brennende Dornbusch –
        Zeichen Gottes im Alltag.   84

     3. Mit der Schöpfung beten – der Psalm 136 . .   94

     4. Die Menschwerdung Gottes –
        Kindwerden mit dem Kind.   107

     5. Das Erlösungsgeschehen –
        Verklärung Christi   115

II. Das Leben beten.   123

     1. Gott liebt zuerst: Ezechiel 16 – die Spur
        Gottes im eigenen Leben entdecken   123

     2. Mit den Psalmen beten –
        lebenswahr beten   140

3. Krisen und Hindernisse im Gebetsleben.... 146

4. Begegnung mit dem Auferstandenen:
   Johannes 20,19-23 152

III. Wachstumswege und Entwicklungsphasen ... 160

1. Jakobs Traum von der Himmelsleiter –
   Von der Angst zur Gottesfurcht:
   Genesis 28,10-22...................... 160

2. Wachstumsschritte – Weisen des Betens ... 168

3. Maria – Urbild der Kontemplation 177

4. Christus, Ikone Gottes – Weg und Ziel
   unseres Lebens: Kolosser 1,12-20 185

IV. Gebet und persönliche Berufung 194

1. Gott ruft beim Namen: Mose, Mose!...... 194

2. Die persönliche Berufung –
   Berufung in der Berufung............... 203

3. Gaben des Gebetes.................... 210

4. Berufen zum Lob seiner Herrlichkeit:
   Epheser 1,3-14........................ 219

Anmerkungen.................................... 229

„Beten und Gebet" – Literaturauswahl............. 239

Vorwort

Zu den Dingen, mit denen sich die Menschen früherer Zeiten anscheinend leichter taten als die heutige Zeit, zählt gewiss das Gebet. Die Menschen unserer Zeit tun sich doch eher schwer mit dem Gebet. Und dass dem so ist, scheint weniger eine Frage des guten Wollens als eine des guten Könnens zu sein. „Beten will gekonnt sein!" – so schreibt der bekannte Schweizer Schriftsteller MAX FRISCH (1911-1991) in seinem 1954 erschienenen Roman „Stiller" und hat damit wohl Recht.

Für alle, die (wieder) beten können möchten, für alle, die guten Willens sind, (wieder) beten zu lernen, für alle, die etwas suchen, was ihnen Wegbereiter und Wegbegleiter sein kann, (wieder) gut zu beten, ist dieses Buch geschrieben. Es ist ein Buch, dem es um eine *Einführung* in das, *was Beten ist*, und um eine *Einübung* in das, *wie Beten geht*, zu tun ist. Im ersten Teil liegt das die Darstellung leitende Interesse auf dem Schwerpunkt der Einführung; im zweiten Teil auf dem der Einübung.

Das Werden des Buches hat eine lange Vorgeschichte, und diese reicht zurück bis zum Sommersemester 1979, das für uns beide das letzte Semester unseres Theologiestudiums an der Theologischen Fakultät Paderborn war. Da es mit dem gemeinsamen Lernen für die zu bestehenden schriftlichen und mündlichen Prüfungen doch so gut geklappt hatte, gaben wir uns die Hand darauf, später – wann immer das sein würde – gemeinsam etwas auf den Weg zu bringen. Beide sind wir heute – knappe 30 Jahre später – nicht unglücklich darüber, dass es zwar spät, doch

nicht so gut ging, sagte: „Mama, ich halte mich nicht mehr aus!", das ist uns Erwachsenen voll und ganz aus der Seele gesprochen. Denn wir kennen das Problem als unser Problem, dass wir bisweilen uns einfach selbst glauben nicht bzw. nicht mehr aushalten zu können.

Doch gerade darauf käme es an: sich wieder und wieder darin zu üben, das nachhaltige Können zu erlangen, sich selbst auszuhalten. Selbstbegegnung wird einzig dem geschenkt, der gewillt ist, sich selbst auszuhalten, der das Selbst auszuhalten bereit ist, das er ist. Letztlich gelingt es ja ohnehin nicht, sich selbst bzw. dem eigenen Selbst davonzulaufen. Wer vor sich selbst bzw. seinem Selbst davonläuft, der kann lange laufen. Denn er wird von sich selbst bzw. von seinem Selbst immer wieder eingeholt. Warum daher nicht gleich den Mut zur Selbsterfahrung und Selbsterkenntnis fassen, die ja, wie eine große geistliche Tradition lehrt, den Boden dafür bereiten kann, dass sich auch Gotteserfahrung und Gotteserkenntnis ereignen.

Das Gebet ist ein privilegierter „Ort" der Selbstbegegnung und der Gottesbegegnung. Zeiten des Gebets sind daher immer auch Zeiten, Selbsterfahrung und Gotteserfahrung sozusagen im „Doppelpack" zu machen, denn anders als so – im „Doppelpack" – gibt es sie nicht. Der Weg des Gebetes ist stets gleichermaßen Weg zu sich selbst und Weg zu Gott, ist als Weg zu Gott Weg zu sich selbst und als Weg zu sich selbst Weg zu Gott. Denn wieder und wieder gilt: Indem der Mensch auf sein eigentliches Ich zugeht, geht er auf Gott zu, und indem er auf Gott zugeht, geht er auf sein eigentliches Ich zu.

Wer sich redlich bemüht, gut zu beten, der weiß auch: zu Gott fliehen im Gebet und so sich selbst entfliehen zu wol-

nicht zu spät, die Sache des Betens geworden ist, die wir zu unserer Sache gemacht haben – sowohl in der gemeinsamen Arbeit in einzelnen Kurseinheiten im Katholischen Evangelisationszentrum Maihingen [Klosterhof 5, 86747 Maihingen] als dann auch in der gemeinsamen Arbeit, die zur Fertigstellung dieses Buches geführt hat.

Unser besonderer Dank gilt Frau Dr. theol. Elisabeth Müller, die sich bemühte, die Vorträge des zweijährigen Kurses „Schule des Betens" für die Veröffentlichung zu überarbeiten. Sie straffte den mündlichen Sprachstil der einzelnen Referate und knüpfte die gedanklichen Fäden zur Auslegung der Hymnen des Kolosser- und Epheserbriefes.

Dass allen, die unser Buch als „Werk-Buch" in die Hand nehmen, das „Herz-Werk" des Betens gelinge und der Himmel dazu seinen Segen gebe, ist uns ein echter Wunsch von Herzen zu Herzen.

Im Advent 2008
Lucida Schmieder OSB und Bernhard Sill

Erster Teil
„Herz–Werk" Beten
von Bernhard Sill

> „Und so bleiben diese drei:
> das Wort, das Beispiel und das Gebet;
> das größte aber unter ihnen ist das Gebet (1 Kor 13,13).
> Denn wenn auch ... das Werk der Stimme Kraft verleiht,
> so erwirbt doch das Gebet
> sowohl dem Werke als auch dem Wort
> die wirkende Gnade."
>
> *Bernhard von Clairvaux*

Gefragt nach seinem Verhältnis zu Gott und zur Kirche, ließ Formel-1-Pilot Ralf Schumacher vor einigen Jahren in einem Interview für das deutsche Magazin „stern" die Leser wissen: „Das Vaterunser kriege ich immer noch nicht unfallfrei hin".[1] Erstaunlich eigentlich und noch dazu goldrichtig, was „der kleine Schumi" da sagt: Wie man beim Autorennen verunglücken kann, so kann man auch beim Beten verunglücken, und beides ist wenig wünschenswert.

Wie Formel-1-Piloten beim Rennen die Kurve beim Beten nicht zu kriegen, ist eine berechtigte Sorge derer, die ein ernsthaftes Interesse daran haben, dass ihr Beten „glückt" und eben nicht „verunglückt". Eine leichte Sache ist die Sache des Betens bekanntlich nicht und wohl auch zu keiner Zeit gewesen. Wenn jemand wie Abbas Agathon, einer der so genannten Wüstenväter, sagen kann: „... ich denke, es gibt keine größere Mühe als das Beten zu Gott"[2], dann sagt das eigentlich alles. Beten ist schwer, doch „daß etwas schwer ist", so lehrte einst der Dichter Rainer Maria Rilke (1875-1926) den jungen Dichter Franz Xaver Kappus in einem auf den 12. August 1914 datierten Brief, „muß uns ein Grund mehr sein, es zu tun."[3]

„Von der Not und dem Segen des Gebetes" – so lautete der Titel eines kleinen Taschenbuches, das ab September 1958 im Buchhandel erhältlich war. Geschrieben hatte dieses Taschenbuch, das sich bis heute bestens verkauft hat, der Jesuit und wahrscheinlich bedeutendste Theologe des 20. Jahrhunderts, Karl Rahner.[4] Der 1904 geborene und 1984 gestorbene Theologe hatte bereits 1946, als er in der Kirche St. Michael in München einige Predigten zum Gebet hielt, aus denen dann sein Buch entstand, die untrügliche Wahrnehmung, dass Christen damals ihre „liebe Not" mit dem Gebet oder – besser gesagt – mit dem Beten hatten. Und wer will behaupten, dass diese „Not" heute kleiner geworden sei!?

Dass sich heute nicht wenige Menschen unübersehbar schwertun mit dem Beten, ist vielleicht weniger eine Frage des guten Wollens als eine des guten Könnens. „Beten will gekonnt sein!" – so schrieb der bekannte Schweizer Schriftsteller Max Frisch (1911-1991) einst in seinem 1954 erschienenen Roman „Stiller".[5] Doch damit wieder „gekonnt" gebetet werden kann, muss es „Schulen" dafür geben[6], und wenn in unserer Zeit wieder ein Sinn dafür zu wachsen scheint, die Kunst des Betens als eine Kunst zu begreifen, die ein- und auszuüben lohnt, ist das ein gutes Zeichen der Zeit.

Leben und beten – beten und leben

„Wenn et bedde sich lohnen däät, wat meinste wohl, wat ich dann bedde däät" [„Wenn das Beten sich lohnen täte, was meinst du wohl, was ich dann beten täte"] – so lautet der Titel eines Songs der legendären Kölner Rockgruppe BAP. Hoch ist die Mauer des Zweifels wohl tatsächlich, die durch die Frage „Beten – lohnt sich das denn überhaupt?" errichtet ist. Doch muss sie ein unüberwindbares Hindernis darstellen? Vielleicht stimmt das Psalmwort „... mit meinem Gott überspringe ich Mauern" (Ps 18,30b) ja gerade auch in eben dem Sinn, dass es vorhandene Zweifel, ob denn Beten sich überhaupt lohnt, überwinden hilft.

Es gibt ohne Zweifel eine Wolke von Zeugen, die gut und gern bestätigen, dass Beten tatsächlich eine lohnende – da Sinn machende – Sache ist; und diejenigen, die das sagen, haben das auch selbst erfahren wie etwa Mechthild von Magdeburg (um 1207/10-1282/83), eine der großen gebetserfahrenen Frauen des 13. Jahrhunderts. In ihrem Buch „Das fließende Licht der Gottheit" schreibt sie unter der Überschrift „Vom zehnfachen Nutzen des Gebets eines guten Menschen" diese Zeilen:

> Das Gebet hat große Macht,
> das ein Mensch verrichtet mit ganzer Kraft.
> Es macht ein bitteres Herz süß,
> ein trauriges Herz froh,
> ein armes Herz reich,
> ein törichtes Herz weise,
> ein zaghaftes Herz kühn,
> ein schwaches Herz stark,

ein blindes Herz sehend,
eine kalte Seele brennend.
Es zieht den großen Gott in ein kleines Herz,
es treibt die hungrige Seele hinauf zu dem Gott der Fülle.
Es vereint die zwei Lieben, Gott und die Seele,
an einem wonnevollen Ort,
da reden sie viel von Liebe.
Wehe mir Unseliger in meinem gebrechlichen Leib,
daß ich dort nicht sterben kann![7]

Gute sieben Jahrhunderte trennen uns Heutige geschicht-
lich von der großen Mystikerin des 13. Jahrhunderts, die
offensichtlich selbst wieder und wieder die „große Macht"
des Gebets erfahren hat und überzeugt war, es sei jedem
gegeben, die Erfahrung der „große(n) Macht" des Gebets
zu machen, die sie ganz gewiss als „Macht" eines großen
Segens begriffen sehen wollte. So hat die große Gottes-
frau zu ihrer Zeit die Dinge des Gebets gesehen, und das
wirft die Frage auf, wie es sich denn heute mit der „Macht"
des Gebets in unserem Leben verhält, wie groß bzw. wie
klein diese „Macht" ist, ob es sie überhaupt (noch) gibt und
wenn ja, in welchem Umfang.

„Ich bete, weil ich lebe – Ich lebe, weil ich bete."[8] Gesagt
hat diesen Satz, der ein Bekenntnis ist, Pater Bernhard
Häring C.Ss.R (1912-1998), der international bekannte
und geschätzte Moraltheologie-Professor. Der Satz ist der
Satz eines Mannes, der offensichtlich in seinem Leben die
„Macht" und den Segen des Gebetes erfahren hat. Seine
Aussage, die für ihn selbst gewiss gestimmt hat, ist ebenso gewiss keine Aussage, die den Gläubigen unserer Tage
so einfach über die Lippen geht. „Macht" und Segen des
Gebets werden gewiss auch heute erfahren, doch gibt es
daneben und wohl auch dagegen Stimmen, die sich heute

zu Wort melden und sagen: Das Gebet bzw. das Beten hat seine jahrhundertealte, ja seine jahrtausendealte Selbstverständlichkeit eingebüßt, und es sind keineswegs einzelne Stimmen, die solches sagen. Und jetzt, wo bemerkt wird, wie wenig sich von selbst verstehend die Sache des Betens tatsächlich noch ist, wird eben auch gefragt, was das bedeutet. Bedeutet es, dass überall dort, wo den Menschen das Beten abhanden kommt, sie sich auch als Menschen früher oder später abhanden kommen, weil es so ist, dass der Mensch letztlich Mensch nur als betender Mensch sein kann? Beten ist menschlich. Diejenigen, die das sagen, wollen damit sagen: Mensch ist nur der, der auch betet. Wenn Menschen das Beten verlernt haben, müssen sie es daher wieder erlernen.

Jemand, der als Mensch und als Christ offensichtlich so gedacht hat, ist der 1880 in Berlin-Lichterfelde geborene und 1967 in Berlin gestorbene evangelische Bischof Otto Dibelius gewesen, der einmal diesen Gedanken zu bedenken gegeben haben soll:

> Ein Konzertpianist sagte: ,Wenn ich einen Tag nicht übe, merke ich es. Wenn ich zwei Tage nicht übe, merken es meine Freunde. Wenn ich drei Tage nicht übe, merkt es das Publikum.' Mir geht es ähnlich mit dem Beten: Wenn ich einen Tag nicht bete, merkt es Gott. Wenn ich zwei Tage nicht bete, spüre ich es selber. Wenn ich drei Tage nicht bete, spürt es meine Umgebung.

Die Gedanken des gerade auch als Theologen bedeutenden evangelischen Bischofs wollen wieder Mut machen zum Gebet, wollen Mut machen, wieder zu beten. Und jemand, der das als christlicher Theologe unbedingt unterschrieben, unterstrichen und unterstützt wissen will, ist der frühere Münsteraner Theologe Johann Baptist Metz (*1928), der bereits 1977 den Satz gesagt hat, „daß es in dieser Zeit der Ermutigung zum Gebet bedarf."[9]

Dass ein Theologe wie Johann Baptist Metz zum Gebet bzw. zum Beten ermutigt, ist, so ließe sich einwenden, doch selbstverständlich. Denn das ist ja sozusagen sein Beruf. Doch sind die Theologen die einzigen, mag sich dieser und jener Zeitgenosse fragen, die in diesen Tagen das Gebet bzw. das Beten zu retten versuchen, wenn Gebet und Beten, was etliche ja bezweifeln, denn überhaupt noch zu retten sind? Tatsächlich ist die Stimme der Theologen definitiv nicht die einzige Stimme, die in unserer Zeit dafür plädiert, dass Beten überhaupt nicht überholt und damit unzeitgemäß ist. Denn da sind durchaus noch weitere Stimmen, die „Platzhalter" des Betens genannt zu werden verdienen, da sie dafür plädieren, dass das Beten seinen „Platz" im Leben der Menschen behält.

Einer dieser „Platzhalter" des Betens ist der frühere Münsteraner Philosoph Peter Wust (1884-1940) gewesen, dessen Hauptwerk im Jahre 1937 erschien und den Titel „Ungewißheit und Wagnis" trug.[10] In seinem auf den 18. Dezember 1939 datierten „Abschiedswort" schrieb der Philosoph wenige Monate vor seinem Tod – er starb nach einem schweren Leiden am 3. April 1940 in Münster – seinen Schülern auch dieses Plädoyer für das Gebet und das Beten:

> „Und wenn Sie mich nun noch fragen sollten, bevor ich jetzt gehe und endgültig gehe, ob ich nicht einen Zauberschlüssel kenne, der einem das letzte Tor zur Weisheit des Lebens erschließen könne, dann würde ich ihnen antworten: „Jawohl". – Und zwar ist dieser Zauberschlüssel nicht die *Reflexion*, wie Sie es von einem Philosophen vielleicht erwarten möchten, sondern das *Gebet*. Das Gebet, als letzte Hingabe gefaßt, macht still, macht kindlich, macht objektiv. Ein Mensch

wächst für mich in dem Maße immer tiefer hinein in den Raum der Humanität – nicht des Humanismus –, wie er zu beten imstande ist, wofern nur das *rechte Beten* gemeint ist. (...) Die großen Dinge des Daseins werden nur den betenden Geistern geschenkt."[11]

Den menschlichen Menschen – ohne das Gebet, ohne das Beten gibt es ihn nicht. Der Philosoph Peter Wust hat so gedacht, denn es war ihm elementare Gewissheit: In der Philosophie muss gedacht werden, doch gebetet werden muss da auch. Und in der Theologie muss es ebenso zugehen. Denn so gewiss in der Theologie gedacht werden muss, Theologie denkende Theologie sein muss, so gewiss muss in der Theologie gebetet werden. Theologie, muss stets beides: denkende und betende Theologie sein. Die Wahrheit, dass das Gebet als die „Mutter der Theologie"[12] gilt, ist jedenfalls überall lebendig, wo echte Theologie getrieben wird. Eigentlich ist es ja eine Selbstverständlichkeit, dass Theologie stets auch betende Theologie sein muss, stammt doch die „Rede von Gott" ja allemal aus der „Rede zu Gott".

Weil dem unwiderruflich so ist, bilden eben auch Glauben und Beten eine enge Einheit, und ein Wort, das trefflich geeignet ist, das deutlich zu machen, hat der jüdische Religionsphilosoph Martin Buber (1878-1965) einmal gesprochen. Es ist dieses Wort:

> „Wenn an Gott glauben ... bedeutet, von ihm in der dritten Person reden zu können, glaube ich nicht an Gott. Wenn an ihn glauben bedeutet, zu ihm reden zu können, glaube ich an Gott."[13]

Der Satz, dass das Beten eine große, wenn nicht die größte Kunst ist, ist ein geläufiges Wort, ohne das keine Theologie des geistlichen Lebens auskommt. Dass man immer wieder so sprach, geschah nicht ohne Grund. Denn man wusste: Leben, ohne zu beten, das geht nicht. Und weil man das wusste, sprach man sich wieder und wieder dafür aus, dass die große bzw. größte Kunst des Betens stets auch gelehrt und gelernt werde. Denn wie jede Kunst ist auch die Kunst des Betens da und nur da gekannt und gekonnt, wo sie auch ein- und ausgeübt wird. Diese Kunst – es muss sie einfach geben. Denn ohne sie ist Religion nicht Religion[14], der Mensch nicht Mensch, der Glaube nicht Glaube, und Theologie nicht Theologie.

II.

Selbstbegegnung und Gottesbegegnung im Gebet

Was geschieht eigentlich, wenn wir beten? Es geschieht – so betonen die geistlichen Lehrmeister des Gebets bzw. des Betens immer wieder – Selbstbegegnung, und es geschieht Gottesbegegnung. Sich selbst begegnen, sich selbst finden und Gott begegnen, Gott finden – beides geschieht im Gebet.[15] Sich zu finden und Gott zu finden – gerade auch die Dinge des Gebets taugen besonders dazu, denn dass Selbsterkenntnis und Gotteserkenntnis immer Hand in Hand gehen, erfahren (die) Beter Mal um Mal.

Worauf es also ankommt, ist, sich darin zu üben, sich selbst auszuhalten, es bei und mit sich auszuhalten. Das Problem ist manchmal vielleicht gar nicht das, dass wir etwas nicht aushalten, wie wir ja sagen: „Das halte ich jetzt nicht mehr aus." Ist es nicht nur ab und zu doch eher so, dass wir uns auch als Erwachsene einfach selbst nicht mehr aushalten. Was ein kleiner Junge einmal zu seiner Mutter, als es ihm

len – das geht gar nicht. Das Gebet stellt uns vor Gott, indem es uns vor uns selbst stellt, und es stellt uns vor uns selbst, indem es uns vor Gott stellt. So ist das „Gebet als Begegnung" stets beides: Begegnung mit uns selbst und Begegnung mit Gott. Was dabei die Voraussetzung für was ist: die Selbstbegegnung die Voraussetzung für die Gottesbegegnung oder die Gottesbegegnung die Voraussetzung für die Selbstbegegnung, ist schwer zu sagen. Wichtig zu sehen ist jedoch, dass beides sich – unbedingt – bedingt.

Der Mensch, der die innige Nähe Gottes will, muss wissen, dass diese sich an die Bedingung, innige Nähe auch zu sich selbst zu haben, knüpft. So jedenfalls hat ebenfalls der große Gottesgelehrte des 15. Jahrhunderts Nicolaus von Cues (1401-1464) die Dinge gesehen und sie gewiss richtig gesehen. Denn in dessen Schrift „De visione Dei" [„Über die Gottesschau"] aus dem Jahre 1453 findet sich auch ein Gebet, das des Rätsels Lösung bringt, wie denn die Innigkeit dessen, dass sich Gott dem Menschen zu eigen gibt, „realiter" möglich ist. Das Gebet, das im besten Sinn des Wortes gebetete Theologie ist, lautet:

> „Wie soll ich Dich bitten? Denn was ist sinnloser, als zu bitten, Du mögest Dich mir schenken, da Du doch alles in allem bist. Und wie wirst Du Dich mir geben, wenn Du mir nicht zugleich Himmel und Erde gibst und alles, was in ihnen ist? Ja, noch mehr: wie wirst Du Dich mir geben, wenn Du mich nicht mir selbst gibst? Und wenn ich so im Schweigen der Betrachtung verstumme, antwortest Du mir, Herr, tief in meinem Herzen und sagst: Sei du dein und ich werde dein sein.

> O Herr, Du Wonne aller Süßigkeit, Du hast es in meine Freiheit gelegt, dass ich mein sein kann, wenn ich es nur will. Gehöre ich darum nicht mir selbst, so gehörst du auch nicht mir. Du machst die Freiheit notwendig, da Du nicht mein sein

kannst, wenn ich nicht mein bin. Und weil Du das in meine freie Entscheidung gelegt hast, zwingst Du mich nicht, sondern erwartest, dass ich mein eigenes Sein erwähle. Es steht also bei mir und nicht bei Dir, Herr, der Du Deine übergroße Güte nicht einschränkst, sondern reichlich ausgießt in alle, die aufnehmen können. Du aber, o Herr, bist Deine Güte."[16]

Der Mensch soll das Seine tun, sich näher zu sich selbst zu bringen, dann tut Gott auch das SEINE, sich näher dem Menschen zu bringen. So die „Logik" dieses Gebets, das in einmaliger „coincidentia oppositorum" [„Zusammenfall der Gegensätze"] den Gegensatz aufhebt, sich selbst zu eigen und Gott zu eigen zu sein. Immer aber bindet sich der göttliche Indikativ „Ich werde dein sein" an den göttlichen Imperativ „Sei du dein!", denn dieser Bedingungszusammenhang ist stimmig und daher immer gültig.

„Komm Du zu Dir, so kommt auch Gott zu Dir." – „Gelangst Du zu Dir, so gelangst Du auch zu Gott." – auf diese Formel lässt sich die geistliche Einsicht des Cusaners bringen, die enormes existentielles Gewicht hat. Denn nichts hat der Mensch so nötig wie die Einsicht, dass eben dies, sein eigen zu sein, zu sich zu kommen, jetzt gefordert ist und daher nach Kräften jetzt auch gefördert sein will. Denn das und nur das schließt das Herz Gott gegenüber nicht zu, sondern auf und ist daher „conditio sine qua non" dafür, dass Gott unser aller eigen sein und zu uns allen kommen kann. Gott kommt bei uns an, wenn wir bei uns selbst ankommen. Der Pilgerweg zu sich selbst und der Pilgerweg zu Gott sind ein Weg.

Wir müssen das unsere tun, damit Gott dann auch das Seine tun kann. Was das Unsere ist, hat der heilige Bernhard von Clairvaux (1090-1153) in einer seiner Adventspredigten einmal so gesagt:

Du musst nicht über die Meere reisen,
musst keine Wolken durchstoßen
und musst nicht die Alpen überqueren.
Der Weg, der dir gezeigt wird, ist nicht weit.
Du musst deinem Gott nur bis zu dir selbst
entgegengehen.[17]

Gott bis zu uns selbst entgegengehen – das ist unsere Sache, die wir zu tun haben. Wir brauchen, um ein Gebet zu beginnen, nicht von da weggehen, wo wir uns gerade aufhalten. Ganz genau das Gegenteil haben wir zu tun. Auf uns zugehen sollen wir. Denn so oft wir das tun, so oft geht auch Gott auf uns zu. Wir sollen bei uns selbst ankommen, denn so kommt auch Gott bei uns an. Der „Advent" – die „Ankunft" – von uns selbst bei uns selbst ist der „Advent" – die „Ankunft" – Gottes bei uns. Gehen wir auf uns selbst zu, (dann) sind wir die, die wissen dürfen: so oft wir das tun, so oft geht auch Gott auf uns zu. Gott kommt bei denen an, die bei sich selbst ankommen. Wieder und wieder ist es so: ganz bei sich (selbst) ist der Mensch bei Gott – ganz bei Gott ist der Mensch ganz bei sich (selbst).

III.

Sich und sein Leben ins Gebet nehmen

Beten heißt: Gott beim Namen nennen – Ihn, bei dem wir selbst einen Namen haben. In der Haltung derer, die Gott beim Namen rufen, weil sie bei Ihm einen Namen haben, sollen wir beten. Es empfiehlt sich, sich das immer wieder in Erinnerung zu rufen, denn so oft wir das tun, so oft weiß jeder, so oft weiß jede von uns: „Das Gebet beginnt bei mir."[18]

Beten ist Sprechen zu Gott, so heißt es, und das heißt eben auch: Gott alles sagen können, Gott alles sagen dürfen – ganz elementar. Wer sich vor Gott zur Sprache bringt, der betet. Einbringen kann und darf er dabei alles, was ihm einfällt. „Was soll ich Gott denn sagen?" fragt sich dieser oder jener, dem das Beten Schwierigkeiten bereitet, durchaus einmal von Zeit und Zeit. Gott buchstäblich alles zu sagen – dazu raten die Meister (in) der Kunst des Betens regelmäßig. Denn wer ist Gott – so werden sie nicht müde zu betonen –, wenn nicht auch der, dem wir mit allen Dingen unseres Lebens kommen können und kommen dürfen?!

Betend sich selbst vor Gott bringen – das besagt daher: die Dinge in Worte kleiden, die jetzt in der Situation, in der ich mich befinde, die Dinge meines Lebens sind. Die Stufe, mit der wir ins Gebet eintreten, ist also die Stufe der Ehrlichkeit, die Stufe der Wahrhaftigkeit uns selbst gegenüber und damit auch Gott gegenüber. Wenn Gott etwas erwartet, wenn wir zu Ihm beten, dann einfach das, dass wir die sind, die sich selbst und damit auch Ihm nichts vormachen.

Wie soll ich denn also mein Gebet beginnen, in dem ich zu Gott sprechen will? Einfach so, wie es der Titel eines „Gebet-Buches" sagt, das der französische Theologe Michel Quoist (1921-1997) geschrieben hat und das gerade auch in deutscher Sprache etliche Auflagen erlebt hat: „Herr da bin ich".[19] Zu beten beginnen sollten wir so, dass wir sagen: „Herr da bin ich".

> Herr, da bin ich,
> mit den Dingen meines Lebens, die mich glücklich sein lassen,
> mit den Dingen meines Lebens, die mich rat- und hilflos sein lassen,

mit den Dingen meines Lebens, die mich traurig sein lassen,
mit den Dingen meines Lebens, die mich zornig sein lassen
usw.

Dass uns die Dinge unseres Lebens wieder und wieder zu Dingen des Gebetes werden, das ist entscheidend. Denn so nehmen wir unser Leben – all das Beglückende und nicht weniger auch all das Bedrückende, das es darin gibt, buchstäblich ins Gebet. Und sooft das geschieht, sooft werden wir selbst zum Gebet. Klassisch gesagt hat das der französische Dichter Paul Claudel (1868-1955) in seinem 1929 erschienenen Hauptwerk, dem berühmten Drama „Der seidene Schuh". Denn da lässt er eine der Personen des Dramas den Satz sprechen: „Der Heilige betet mit seiner Hoffnung, der Sünder mit seiner Sünde."[20]

Das ist ein einmaliger Satz, den es Mal um Mal zu wiederholen gilt. Denn was er sagt, kann besser nicht gesagt werden. Doch was ist das Besondere, das dieser Satz sagt? Das Besondere, das dieser Satz sagt, ist: Es gibt nichts in uns, mit dem wir nicht zu Gott beten dürf(t)en. Was uns Paul Claudel eigentlich sagen will, ist dies und immer wieder dies: Was immer Du auch bist, bete damit zu Gott! Bete mit Dir selbst zu Gott!

Bist du ein Mensch der Verzweiflung, dann bete mit Deiner Verzweiflung zu Gott.

Bist du ein Mensch der Verletzungen und Verwundungen, dann bete mit Deinen Verletzungen und Verwundungen zu Gott.

Bist du ein Mensch der Rat-, Hilf-, Plan-, Lust- und Kopflosigkeit, dann bete mit Deiner Rat-, Hilf-, Plan-, Lust- und Kopflosigkeit zu Gott.

Bist du ein Mensch der Einsamkeit, Dann bete mit Deiner Einsamkeit zu Gott.

Hast Du als Mensch Grund zur Freude, dann bete mit Deiner Freude zu Gott.

Hast Du als Mensch Grund zur Dankbarkeit, dann bete mit Deiner Dankbarkeit zu Gott.

Die Reihe lässt sich beliebig ergänzen um dieses und jenes Etwas. Was immer dieses Etwas sei, immer ist ein Etwas, das zu uns gehört, und dadurch, dass wir es vor Gott bringen, bringen wir uns selbst vor Gott. Wir können, sollen und dürfen im Gebet Gott alle Dinge unseres Lebens hinhalten. Denn wann immer wir das tun, sind wir die, die sich selbst Gott hinhalten.

IV.

Das „kleine Pfingsten" des Gebets

Wie wir unser Leben ins Gebet nehmen können, zeigen uns mustergültig zwei Strophen eines ursprünglich in lateinischer Sprache verfassten Gebets zum Heiligen Geist, das in viele Sprachen übersetzt und vielerorts singend gebetet bzw. betend gesungen wird. Es ist die bekannte Stephan Langton (um 1150-1228), einst Erzbischof von Canterbury, zugeschriebene Pfingstsequenz „Veni, Sancte Spiritus" – „Komm, o Geist der Heiligkeit" –, deren Strophen in der Übersetzung des Philologen und Übersetzers Heinrich Bone (1813-1893) aus dem Jahre 1847 lauten:

Komm, o Geist der Heiligkeit!
Aus des Himmels Herrlichkeit
Sende deines Lichtes Strahl!

Vater aller Armen du,
Aller Herzen Licht und Ruh',
Komm mit deiner Gaben Zahl!

Tröster in Verlassenheit,
Labsal voll der Lieblichkeit,
Komm, du süßer Seelenfreund!

In Ermüdung schenke Ruh',
In der Glut hauch Kühlung zu,
Tröste den, der trostlos weint.

O du Licht der Seligkeit,
Mach dir unser Herz bereit,
Dring in unsre Seelen ein!

Ohne Dein lebendig Wehn
Nichts im Menschen kann bestehn,
Nichts ohn' Fehl und Makel sein.

Wasche, was beflecket ist,
Heile, was verwundet ist,
Tränke, was da dürre steht.

Beuge, was verhärtet ist,
Wärme, was erkaltet ist,
Lenke, was da irregeht.

Heil'ger Geist, wir bitten dich,
Gib uns allen gnädiglich
Deiner Gaben Siebenzahl.

Spende uns der Tugend Lohn,
Lass uns stehn an deinem Thron,
Uns erfreun im Himmelssaal.

Das Gebet spricht in seiner siebten und achten Strophe Erfahrungen an, die immer wieder einmal im Leben von uns Menschen gemacht werden. So z.B. die Erfahrung, dass da

Flecken und Wunden sind: die Flecken der Schuld, was ich anderen getan habe; die Wunden der Schuld, was andere mir getan haben. So z.B. die Erfahrung, in der Dürre ausgebrannten Lebens zu leben, oder die Erfahrung, innerlich und äußerlich (zu) hart zu sich und anderen geworden zu sein. So z.B. die Erfahrung, in Zeiten erkalteter Liebe zu Beruf und Berufung, zum ehelichen „Du" und zum „ewigen Du" (Martin Buber) zu leben, oder die Erfahrung, auf der Fahrt durchs Leben auf Irrfahrt zu sein.

Es sind – alles in allem – Erfahrungen der Trostlosigkeit, denen nur in der Kraft dessen beizukommen ist, der der „Tröster" ist: der Heilige Geist. Er kann den Trost spenden, den das befleckte, verwundete, verhärtete, erkaltete, verirrte Leben der Menschen lebensnotwendig braucht. Denn der Heilige Geist ist der Geist, der wäscht, der heilt, der tränkt, der beugt, der wärmt, der lenkt und damit erfahrbar macht, dass Gott alles Dunkel des Lebens in Licht wandeln kann. Wo Menschen betend den Heiligen Geist erfahren, da ereignet sich ein kleines „Pfingsten", und das ist jeder Frau und jedem Mann zu wünschen, denn ein kleines „Pfingsten" braucht unser Leben immer wieder einmal, und zwar gerade da, wo wir als Menschen des Trostes bedürfen. Da muss die „Dynamik" des Heiligen Geistes (Römer 15,13) in unser Leben kommen als trostspendende Kraft.

Wir können und dürfen unser Leben so ins Gebet nehmen, wie es eben ist: beflecktes, verwundetes, verdorrtes, verhärtetes, erkaltetes oder verirrtes Leben, sagen uns die beiden Strophen des Gebets zum Heiligen Geist, das um 1200 in England entstanden sein dürfte. Jeder „Stoff" des Lebens darf demnach zum „Stoff" des Betens werden. Dass uns Menschen der „Stoff" zum Beten einmal ausgeht, ist daher wenig wahrscheinlich. Sind wir Menschen die, die begriffen haben, dass gerade auch das „Menschliche, Allzumenschliche" (Friedrich Nietzsche) in unserem Beten seinen Platz haben darf, dann sind wir auch die, denen genügend bewusst ist, dass ihnen jedes Ding ihres Lebens zu einem Ding ihres Betens werden kann und darf. Denn es gibt nichts, mit dem wir nicht betend zu Gott kommen dürften. Zu Gott dürfen wir betend mit allem und jedem kommen. Denn Gott ist kein Gott, der sagt: „Damit brauchst Du mir nicht zu kommen!"

V.

Das Sprachspiel unseres Lebens als das Sprachspiel unseres Betens

Der inzwischen emeritierte Salzburger Professor für Dogmatik Gottfried Bachl (*1932) hat betend Gott einmal gefragt, wie denn sprachlich „korrekt" zu beten sei. Sein Gott (be)fragendes Gebet lautet:

> Dürfen wir
> dir nur ausgesuchte Worte sagen,
> nur teure Sätze
> von Dichtern erfunden,
> nur polierte Ausdrücke,
> oder können wir dir auch kommen
> mit den ranzigen Formeln,
> aus denen
> unsere Sprache meistens besteht?[21]

Jeden, der Ihn so (be)fragt wie der Gottesgelehrte Gottfried Bachl, wird Gott wissen lassen, dass wir in unserem Beten eben auch die Sprache sprechen dürfen, die wir in unserem Leben sprechen. Die Sprache unseres Lebens darf und soll die Sprache unseres Betens sein. Sie ist die beste, denn in dieser Sprache kommen wir selbst vor und in dieser Sprache sprechen wir uns selbst ganz aus.

Mit der Sprache unseres Lebens bringen wir uns wirklich vor Gott, denn einzig sie ist die Sprache unserer wirklichen Wirklichkeit. Mit der Sprache unserer wirklichen Wirklichkeit bringen wir uns selbst vor den wirklichen Gott. Das Gebet als Treffpunkt mit sich selbst und mit Gott selbst braucht eine Sprache, in der wir ganz „da" sind, und welche Sprache ist da geeigneter als die Sprache unseres Lebens?!

Wir müssen uns also überhaupt nicht sprachlich verrenken, wenn wir beten wollen. Das Sprachspiel unseres Lebens darf auch das Sprachspiel unseres Betens sein. Wir müssen kein von der Sprache unseres Lebens abgehobenes Sprachspiel pflegen, wenn wir beten wollen. Gott versteht uns durchaus, wenn wir in der Sprache unseres Lebens zu Ihm sprechen. Denn diese Sprache – das sind wir bzw. das sind wir auch.

Wenn von der Sprache des Gebetes gesagt wird, sie sei eine Sprache ohne Tabus, dann stimmt das ja tatsächlich. Denn die Sprache, die die Sprache des Gebets ist, ist eine Sprache, die es uns gestattet, buchstäblich alles über die Lippen zu bringen, was einfach einmal gesagt werden muss.

Wir müssen nichts aussparen oder aussperren, wenn wir beten wollen. Dass wir nicht glauben können – betend dürfen wir es Gott sagen. Und dass wir nicht beten können, ja selbst das dürfen wir betend Gott sagen, wie auch der frühere Bischof der Diözese Aachen Klaus Hemmerle

(1929-1994) betont, der dazu eine Geschichte erzählt, die er sich selbst erdacht hat. Es ist diese Geschichte:

Beten können

> Ein Jünger kommt zu einem Meister des Gebetes und klagt ihm: „Meister, ich habe mich so bemüht, mich zu sammeln versucht, über mich selbst nachgedacht, alle Gedanken, die mir kamen, still werden lassen – und doch habe ich nicht beten können. Was soll ich tun?" Der Meister antwortet: „Mach aus deinem Nicht-beten-Können ein Gebet."[22]

Beten beginnt bei mir. Bin ich ganz bei mir, dann bin ich bald auch ganz bei Gott. Beten darf, ja soll bei uns selbst beginnen. Und betend sprechen dürfen, ja sollen wir in der Sprache, die unsere Sprache ist. Denn sie ist die Sprache, in der wir die Dinge unseres Lebens am ehesten aussagen können und damit auch uns selbst. So ist es wichtig und darum auch richtig, diese unsere ureigenste Sprache des Lebens auch als unsere Gebetssprache zu pflegen, die Gottes Ohr erreichen soll.

VI.

Der betende Mensch und der hörende Gott

Wenn wir beten, dann wenden wir uns an einen Gott, von dem uns unser Glaube sagt, dass er „ganz Ohr" für uns Menschen ist. Betend bitten bzw. bittend beten wir, dass er sich uns wieder und wieder tatsächlich auch als hörender Gott erweist, und zwar ganz so, wie das der Exeget Norbert Lohfink SJ (*1928) einmal in der Sprachhandlung eines Gebetes, das er „Sei ein hörender Gott" betitelt hat, getan hat. Das Gebet lautet:

Erweis dich als ein hörender Gott.
Sei das große Ohr, in das ich alles hineinsagen kann.
Sei der Hörende, der auch das Ungesagte hört.
Sei der Verstehende, der da, wo ich mich selbst nicht mehr
begreife, noch den geheimen Sinn entdeckt.
Sei der Zuhörer, der mir überhaupt erst den Mut gibt,
den Mund zu öffnen.
Sei der Fragende, der endlich die richtigen Fragen stellt.
Sei das Wissen, das nicht wehtut.
Sei der Vorwurf, der brennt, aber nicht verzehrt.
Sei das Ja zu meiner ganzen Vergangenheit.
Sei der Blick, der die Hoffnung aufblühen lässt.
Sei die Antwort, die mich wirklich betrifft.
Sei die große, schweigende Antwort,
die der Worte nicht mehr bedarf.[23]

Für die Menschen der Bibel war es selbstverständlich, Gott
darum betend zu bitten, ein offenes Ohr für sie zu haben.
Das erste Buch der Könige hat ein solches Gebet bewahrt,
das ganz Gebet um Gottes Gehör ist. König Salomo spricht
es, und er spricht es so:

> „Wende dich, Herr, mein Gott, dem Beten und Flehen dei-
> nes Knechtes zu! Höre auf das Rufen und auf das Gebet,
> das dein Knecht heute vor dir verrichtet. Halte deine Au-
> gen offen über diesem Haus bei Nacht und bei Tag, über
> der Stätte, von der du gesagt hast, dass dein Name hier
> wohnen soll. Höre auf das Gebet, das dein Knecht an die-
> ser Stätte verrichtet. Achte auf das Flehen deines Knechtes
> und deines Volkes Israel, wenn sie an dieser Stätte beten.
> Höre sie im Himmel, dem Ort, wo du wohnst. Höre sie, und
> verzeih!"

1 Könige 8,28-30

Beten – das heißt: aus der Erfahrung bzw. aus den Erfahrungen des Lebens zu Gott sprechen. Erfahrungsgeerdet

sollen wir beten, denn es geht darum, dass unser Beten im Erdboden unserer Erfahrung(en) wurzelt. Einzig das in diesem Sinn erdnahe bzw. erdverbundene Beten, das in der Erfahrung bzw. in den Erfahrungen unseres Lebens gründet, bietet die Chance, tatsächlich da unser Leben auch „unterzubringen"

Denn es scheint, als sei gerade das eine der Schwierigkeiten, die die Menschen heutzutage mit dem Gebet haben, dass sie glauben, das Leben, das sie führen, da wenig „unterbringen" zu können. Wo und wann die Rede auf solche Schwierigkeiten kommt, steht offensichtlich häufig die „offizielle" liturgische Gebetssprache der Kirche in der Kritik, deren Sprachgestalt zur Erfahrungsgestalt vieler Menschen nicht gut genug passen will. Dazu lässt der 1927 in Wasserburg am Bodensee geborene Schriftsteller Martin Walser eine der Figuren seines bereits 1960 erschienenen Romans „Halbzeit" diese Sätze sagen:

> Mit Lissa in der Kirche. Konnte nicht beten. (...) Die feierliche Amtssprache in der Kirche klang fremd. Kunstgewerbe-Vokabular. Luft aus einem Föhn. Glauben die Frommen, Gott höre sie nur, wenn sie beten, er habe keine Ahnung von den Worten, die sie sonst denken und sagen? Man kann sich nicht vorstellen, daß der Pfarrer erlebt hat, was er in der Predigt erzählt. Mein Leben ist in der Gebetssprache nicht mehr unterzubringen. Ich kann mich nicht mehr so verrenken. Ich habe Gott mit diesen Formeln geerbt, aber jetzt verliere ich ihn durch diese Formeln. Man macht einen magischen Geheimrat aus ihm, dessen verschrobenen Sprachgebrauch man annimmt, weil Gott ja von Gestern ist. Ich bin stumm, wenn ich beten will. Immer in Gefahr, abgelenkt zu werden von inneren Geräuschen. Die leiseste, unhörbarste Stimme in mir, ist meine Gebetsstimme. Traut sie sich nicht, lauter zu sein, oder hat sie nicht die Kraft?[24]

Es stimmt bekanntlich: überlieferte und überkommene Gebetsformeln sind immer in der Gefahr, leicht zu Leerformeln zu werden. Es ist daher wichtig, dafür zu sorgen, dass auch die offizielle liturgische Gebetssprache der Kirche stets eine geerdete Sprache bleibt. Eine gute, da taugliche Gebetssprache ist stets eine der Lebenserfahrung bzw. den Lebenserfahrungen von uns Menschen geöffnete Sprache – eben eine Sprache, in der wir Menschen unsere Erfahrung(en) mit dem Leben (gut) „unterbringen" können, wie Martin Walser betont.

Unser Gebet gelingt, so oft wir es schaffen, unser eigenes uns selbst oft genug unbegreifliches Leben vor den unbegreiflichen Gott zu bringen in einer Sprache, die die unsere ist. Es braucht, um betend mit Gott zu reden, keine religiöse „Sondersprache". Gesondert von uns und unserem Leben beten sollen wir gerade nicht. Was wir sollen, ist buchstäblich wieder und wieder dies: buchstäblich unser Leben ins Gebet nehmen. Unser Leben soll sich in unserem Beten spiegeln, unser Leben soll in unserem Beten zur Sprache kommen.

Eine gute Orientierung dafür, wie das gehen kann, betend sein Leben vor Gott zur Sprache zu bringen, sind – neben den Gebeten großer Beterinnen und Beter aus Geschichte und Gegenwart – die Psalmen. Da wird gelacht, da wird geweint, da wird gejubelt, da wird geklagt und da wird gezweifelt. Es gibt keine Erfahrung unseres Lebens, die nicht in einem der 150 Psalmen „untergebracht" wäre, und das ist dann wohl auch der Grund, weshalb die Psalmen durch die Jahrhunderte gebetet worden sind. Denn sie sprechen eine Sprache, in der die Erfahrungen des Menschen mit sich, seinem Leben und seinem Gott ganz elementar „geerdet" sind.

Jemand, in dessen Erfahrung sich bestätigt hat, wie geeignet die Psalmen doch sind, sein Leben da „unterzubringen", ist der Dichter Rainer Maria Rilke (1875-1926) gewesen. „Ich ... habe ... die Psalmen gelesen, eines der wenigen Bücher, in denen man sich restlos unterbringt, mag man noch so zerstreut und ungeordnet und angefochten sein ..."[25], bemerkte der Dichter am 4. Januar 1915 in einem in Berlin geschriebenen Brief gegenüber seinem Verleger Anton Kippenberg.

Wie der Psalmist dürfen und sollen wir Menschen uns trauen, die Dinge, die uns bewegen, zur Sprache zu bringen und sie in Gottes Ohr zu sagen, wissend, dass ER, Gott, „ganz Ohr" ist für uns und das, was wir IHM zu sagen haben.

VII.

Erzählend beten – betend erzählen

Die großen Dinge unseres Lebens sind einfach. Einfach ist damit auch das Gebet, das ohne Zweifel eines der großen Dinge unseres Lebens ist. Wenn wir wirklich glauben, dass Gott uns wirklich hört, wenn wir beten, dann wird es auch wirklich das Beste sein, einfach einmal damit zu beginnen, vor Gott betend zu erzählen bzw. erzählend zu beten, was wir empfinden, was uns beschäftigt – und sei es auch noch so banal oder noch so trivial. So oft wir so erzählen, so oft setzen wir uns so gegenwärtig vor Gott, gelangen wir in Gottes Gegenwart. Wissen dürfen wir: zu Gott dürfen wir mit allen Dingen des Lebens kommen.

Es gilt daher, eine Gebetsform wieder zu entdecken, die es eigentlich immer gab. Es ist eine Gebetsform, die darum einfach ist, weil es dabei einfach darum geht, Gott zu erzählen: von sich und den Erfahrungen seines eigenen Lebens. Otto Hermann Pesch (*1931) – er war von 1975 bis 1998 Inhaber einer Professur für Systematische Theologie an der Fakultät für Evangelische Theologie der Universität Hamburg – bezeichnet sie als „Erzählgebet" und hält sie neben dem Lob-, Dank- und Bittgebet für eine immer praktikable Gebetsform, die uns selbst dann, wenn wir Schwierigkeiten etwa mit dem Bittgebet haben oder nicht in „Stimmung" sind, ein Lob- oder Dankgebet zu sprechen, gelingen kann. Denn erzählend beten bzw. betend erzählen können wir eigentlich immer. Otto Hermann Pesch beschreibt die Charakteristik dieser Gebetsform, die aufs Erzählen aus ist, so:

Könnte nicht das einfache Erzählen eine Form sein, die der Schmucklosigkeit und Sachlichkeit heutigen Betens entspricht und dennoch die ganze Vielfalt des Lebens vor Gott hinträgt – in diesem Sinne also „reich" ist? Es gibt Gründe, die das sehr einleuchtend machen. Zunächst: Das Erzählen ist sachlich und daher auf keine Voraussetzung von Seiten der „Stimmung" angewiesen. Zum Lobgebet fehlt uns der große Schwung, mit dem Bittgebet haben wir unsere verschärften Probleme – davon gleich noch. Das Dankgebet paßt nicht auf alles, was wir erleben. Die Schuld macht uns heutzutage eher stumm als zum Bekenntnis geneigt. Wenn wir statt dessen einfach erzählen, was geschehen ist, was unser Bewußtsein füllt, was uns beschäftigt, so wie ich davon auch einem guten Freund erzähle – ist das nicht eine Form, die auch bei ganz konkretem Gebet den sachlichen Stil unseres Lebens und unseres Glaubens durchhält?

Weiter: Ich kann nicht erzählend beten, ohne dabei Gott mitten in mein Leben zu stellen. Wenn ich betend erzähle, rede ich Gott an, rechne mit ihm, glaube, dass er mich hört, dass ich mit ihm zu tun habe, dass ich ihn „interessiere". Mit einem Wort: ich vollziehe den Grundvorgang dessen, was „glauben" heißt: Wissen und davon ausgehen, dass Gott mitten in dieser Welt nahe ist.

Endlich: Wenn es richtig und etwas hilfreich ist, was wir oben über die Vielfalt der Situationen gesagt haben, die, im Licht des Ur-Gebetes „Ich glaube an dich" angeschaut, den „Reichtum" des Betens ausmachen, dann müssen wir ja fragen: Wie kommen denn der Ur-Satz „Ich glaube an dich" und die Situation, über die er gesprochen wird, im praktischen Vollzug des Gebets zusammen? Doch nur, indem man die Situation in Worte fasst. Etwa sagt: Herr, dies und das ist geschehen ... beschäftigt mich ... macht mich ganz niedergeschlagen ... macht mich unglaublich froh ...: Ich glaube an dich. Es kommt also wieder auf den guten Sinn des Erzählens hinaus. Das „Erzählgebet" – wenn wir schon einen ähnlichen Ausdruck wie „Dankgebet", „Bittgebet" usw. bilden wollen – ist das konkret gefüllte „Ich glaube an dich".[26]

Gott ist jedenfalls immer der, der „da" ist, wenn wir ihm etwas zu erzählen haben, ganz gleich, ob es ein Etwas ist, das uns beglückt, oder ob es ein Etwas ist, das uns bedrückt, oder was für ein Etwas auch immer. „Ich bin der „Ich bin da" (Exodus 3,14) – durch diesen Satz hat Gott Mose und uns gesagt, wer Er ist. Er, Gott, ist der, der „da" ist. Das war Seine Zusage an Mose und das ist Seine bleibende Zusage an uns, und Gott gibt uns diese Zusage so, dass Er sich jedem einzelnen Menschen als Seinem Geschöpf so mitteilt:

In die Lichtblicke deiner Hoffnung
und in die Schatten deiner Angst,
in die Enttäuschungen deines Lebens
und in das Geschenk deines Zutrauens
lege ich meine Zusage:
Ich bin da.

In das Dunkel deiner Vergangenheit
und in das Ungewisse deiner Zukunft,
in den Segen deines Wohlwollens
und in das Elend deiner Ohnmacht
lege ich meine Zusage:
Ich bin da.

In das Spiel deiner Gefühle,
und in den Ernst deiner Gedanken,
in den Reichtum deines Schweigens
und in die Armut deiner Sprache
lege ich meine Zusage:
Ich bin da.

In die Fülle deiner Aufgaben
und in deine leere Geschäftigkeit,
in die Vielzahl deiner Fähigkeiten
und in die Grenzen deiner Begabung
lege ich meine Zusage:
Ich bin da.

In das Gelingen deiner Gespräche
und in die Langeweile deines Betens,
in die Freude deines Erfolgs
und in den Schmerz deines Versagens
lege ich meine Zusage:
Ich bin da.

In das Glück deiner Begegnungen
und in die Wunden deiner Sehnsucht,
in das Wunder deiner Zuneigung
und in das Leid deiner Ablehnung
lege ich meine Zusage:
Ich bin da.

In die Enge deines Alltags
und in die Weite deiner Träume
und in die Kräfte deines Herzens

lege ich meine Zusage:
Ich bin da.[27]

Weil Gott der „Ich bin da" ist, ist Er auch immer „da", wenn wir Ihm betend erzählen, was wir auf dem Herzen haben. Denn was tut eigentlich der, der erzählend zu Gott betet? Er tut etwas, was immer gut tut. Er schüttet Gott sein Herz aus, sagt Ihm die beglückenden und die bedrückenden Dinge seines Lebens. Wer so zu Gott betet, dass er Ihm sein Herz ausschüttet, gewinnt, wenn er das täglich tut, ein herzliches Verhältnis zu Gott, und gerade daraus lebt ein gutes Gebetsleben.

VIII.

Betend schweigen – schweigend beten

Sich sprechend vor Gott bringen – das ist Gebet. Doch Gebet ist auch: sich schweigend vor Gott bringen. Warum ist neben dem sprechenden Gebet auch das schweigende Gebet so wichtig? Der Grund dafür ist ganz einfach: da, wo wir sprechend beten, ist Gott der hörende; da, wo wir schweigend beten, sind wir die hörenden. Und auch das ist wichtig.

Wenn wir Gott alles erzählt haben, was uns bedrängt und bedrückt, sollen wir es dabei belassen, sollen wir es damit gut sein lassen. Wir dürfen davon ausgehen, dass Gott es gehört hat und es bei Ihm gut aufgehoben ist. Wir sollen jedoch Gott nicht nur als Zuhörer benützen, der selbst nichts zu sagen hat. Schweigend geben wir Gott die Chance, etwas zu sagen. Wo wir schweigende Menschen werden, wo wir die Stille des Schweigens zulassen, schaffen

41

wir die optimale Bedingung dafür, hörende Menschen zu werden, die „ganz Ohr" sein wollen für das, was Gott uns zu sagen hat.

Betend schweigen bzw. schweigend beten – so oft uns das gelingt, so oft öffnen wir unsere Ohren – oder – besser gesagt – lassen wir es zu, dass Gott unsere Ohren öffnet. Dass es einen ganzen und runden Sinn macht, Gott darum betend zu bitten, uns unsere Ohren zu öffnen, damit wir Ihn dann auch tatsächlich hören können, ist gewiss. Der Kirchenlehrer Aurelius Augustinus (354-430) hat jedenfalls so gedacht, denn gleich im ersten Buch seiner „Bekenntnisse" schreibt er: „Siehe Herr, meines Herzens Ohr ist bei Dir; tu es auf und sag meiner Seele: „dein Heil bin ich"."[28]

Damit wir Gott wirklich hören, wenn Er spricht, muss Er unsere tauben Ohren öffnen, und es ist eine tolle Sache, Morgen für Morgen die Erfahrung zu machen, dass Gott der ist, der mir auch das Ohr weckt. Gott will, dass wir Menschen sind, die mit aufgeweckten Ohren durchs Leben gehen, und darum weckt Er, wenn er uns Morgen für Morgen weckt, auch unser Ohr. Dass dem tatsächlich so ist, sagt uns der Prophet Jesaja im dritten Lied vom Gottesknecht. Da heißt es:

> Gott, der Herr, gab mir die Zunge eines Jüngers,
> damit ich verstehe, die Müden zu stärken
> durch ein aufmunterndes Wort.
> Jeden Morgen weckt er mein Ohr,
> damit ich auf ihn höre wie ein Jünger.
> Gott, der Herr, hat mir das Ohr geöffnet.
> Ich aber wehrte mich nicht
> und wich nicht zurück.

Jesaja 50,4–5

Morgen für Morgen, wenn wir aufstehen, weckt uns also neben dem funkbetriebenen Wecker noch ein anderer Wecker auf. Dieser Wecker, der auch eigens unser Ohr weckt, ist Gott. Er weckt uns und unser Ohr und macht uns so fähig, schweigend „ganz Ohr" zu werden für das, was Er uns den Tag über dann sagen will. Schweigend zu beten bzw. betend zu schweigen ist daher unerlässlich, um unser (durch) Gott-gewecktes Ohr auch Gottes Stimme unter den vielen Stimmen des Tages tatsächlich hören zu lassen.

Wo wir schweigend beten bzw. betend schweigen, werden wir zu Gott-Hörenden. Und in dem Maße, wie das eigene Reden in den Hintergrund tritt, wie wir innerlich bereit und willig werden, uns etwas, ja das Entscheidende unseres Lebens, sagen zu lassen, spüren wir, dass unser Beten wesentlich auch daraus lebt, dass wir es schaffen, Gott zu uns reden zu lassen. Der dänische Religionsphilosoph Sören Kierkegaard (1813-1855), der selbst nicht zuletzt wohl ein schweigender Beter war, hat das in einer seiner „Reden" einmal so zu Papier gebracht:

> Und was widerfuhr ihm dann, wenn anders er wirklich innerlich betete? Etwas Wunderliches widerfuhr ihm; allmählich, wie er innerlicher und innerlicher wurde im Gebet, hatte er weniger und weniger zu sagen, und zuletzt verstummte er ganz. Er ward stumm, ja, was dem Reden vielleicht noch mehr entgegengesetzt ist als das Schweigen, er ward ein Hörender. Er hatte gemeint, beten sei reden; er lernte: beten ist nicht bloß schweigen, sondern ist hören. Und so ist es denn auch; beten heißt nicht, sich selber reden hören, sondern heißt dahin kommen, dass man schweigt, und im Schweigen verharren, und harren, bis der betende Gott hört.[29]

Wie das sprechende hat auch das schweigende Gebet seine Zeit. Doch egal, ob wir mal mehr sprechend oder mal mehr schweigend beten, immer ist unser Beten sprechender Glaube, und so oft es das ist, ist das ein großes Glück.

IX.

Klage als Gebet – Gebet als Klage

„Ein Jegliches hat seine Zeit" – so hatte Martin Luther (1483-1546) einst jenes Wort aus Kohelet 3,1 übersetzt, das seine Gültigkeit auch da hat, wo es um die Weisen unseres Betens geht. Und wie das lobende, dankende, bittende Beten seine Zeit im Leben des Menschen hat, so hat auch das klagende Beten seine Zeit, und das in den Stunden, Tagen, Wochen und Jahren, die Menschen zu durchleben haben, ohne spüren zu dürfen, dass kein Leben, kein Mensch und auch kein Gott es noch gut mit ihnen meint. Wenn es so weit gekommen ist, dann gilt nicht der – völlig unbiblische – Imperativ: „Lerne leiden, ohne zu klagen!" Dann gilt es, – wieder – zu lernen, leidend zu klagen bzw. klagend zu leiden.

Die Gebetssprache der Klage ist die Sprache derer, die vor lauter Leid sich selbst, die Welt und Gott nicht mehr verstehen. Wer klagend zu Gott betet, der betet die Frage „Warum?". „Das Gebet der Klage, die Klage als Gebet findet den prägnantesten Ausdruck in einem einzigen Wort, in dem an Gott gerichteten „Warum". „Mein Gott, mein Gott, warum hast du mich verlassen", heißt es in jenem Psalm 22,2 der im christlichen Verständnis die Klage Jesu am Kreuz wiedergibt. „Warum ... versteckst du dich vor mir", fragt Psalm 88,15b."[30] Wer so betet, dass sein Gebet ein Gebet der Klage ist, der pocht darauf, dass ihm als letztes Recht wenigstens das Recht der Frage „Warum?" bleibt. Warum das Bedrü-

ckende, Belastende, Beschämende, das mir geschieht und meinem Leben unentrinnbares Leid zufügt?

Menschen, die klagen, machen sich nichts vor – und sie machen Gott nichts vor. Sie nehmen die sie bedrängende und bedrückende Wirklichkeit so wahr, wie sie ist, und sind nicht willens, diese auszusparen, auszusperren und auszublenden, wenn sie beten. Das ganze Gegenteil ist der Fall. Sie gehört vielmehr zu ihrem Beten dazu. Beten als Beziehung zu Gott wird dabei zu einer buchstäblich dramatischen Sache. Wenn neben den beglückenden Dingen des Lebens nicht auch dessen bedrückende Dinge betend vor Gott gebracht werden dürfen, fehlt da eben das, was eine gute Beziehung ausmacht, und das ist, dass man sich alles sagen kann. Und das gilt für die Beziehung von Mensch zu Mensch wie auch für die des Menschen zu seinem Gott. Es war der Philosoph Friedrich Nietzsche (1844-1900), der wusste: „alle verschwiegenen Wahrheiten werden giftig."[31] Tatsächlich gilt das ganz generell, und es gilt speziell auch da, wo unsere Beziehung zu Gott zur Debatte steht. Denn erfahrenes Leid Ihm, Gott, gegenüber zu verschweigen, ist nicht das, was wir zu tun haben. Für die BeterInnen der Bibel ist die Klage eine legitime und in leidbehafteten Lebenssituationen oft die einzig noch verbleibende Weise, ihren Glauben an Gott nicht aufzugeben. Wer klagend betet, ringt mit Gott und um Gott. Denn Gott ist ihm zur großen Frage geworden und die Dinge seines Lebens auch.

„Glühende Rätsel" – so lautet der Titel eines Gedichtbandes der jüdischen Dichterin Nelly Sachs (1891-1970)[32], und in der Tat sind es häufig genug die „glühenden Rätsel" seines Daseins, die den Menschen betend klagen bzw. klagend beten lassen. Der Mensch, der den „glühenden Rätseln" seines Lebens begegnet, muss, um sich als Mensch nicht abhanden zu kommen, klagen können, klagen dürfen, und darum muss er das Klagen wieder lernen. Er muss nicht leiden lernen, ohne zu klagen. Was er lernen muss, ist, leidend zu klagen und klagend zu leiden.

Klagen und Jammern ist nicht dasselbe. Die These, dass heutzutage viel gejammert wird, jedoch eigentlich wenig geklagt, die der Bamberger therapeutische Theologe Dr. Georg Beirer aufgestellt hat[33], stimmt ja zweifellos. Zwischen Jammern und Klagen besteht ein erheblicher Unterschied. Jammern ist die Rede, dass es halt so ist, wie es ist, ohne letztlich die schlechte Wirklichkeit beseitigt sehen zu wollen. Klagen ist dagegen die Rede, die sich ganz entschieden dafür ausspricht, dass schlechte Wirklichkeit (wieder) gut bzw. wieder besser werden muss. Wer klagt, findet sich nicht einfach ab mit der eigentlich unerträglichen Wirklichkeit, die er zu erleiden hat. Wer klagt, anerkennt das vermeintlich Unabänderliche nicht als unabänderlich. Wer klagt, ist auf Veränderung seiner „unmöglichen" Lage aus.

Jammern ist eine monologische Wirklichkeit, Klagen dagegen eine dialogische Wirklichkeit. Der Klagende bleibt im Gegensatz zum Jammernden nicht bei sich selbst, will vielmehr das Du Gottes erreichen. Er bringt das Unbegreifliche seiner eigenen Lebenssituation vor den unbegreiflichen Gott. So ist die Klage Annahme des unbegreiflichen Gottes in den unbegreiflichen unheilvollen leidbehafteten Widrigkeiten des eigenen Lebens und damit der betende Versuch, diese zu bestehen, ohne dabei von Gott zu lassen.

Klagendes Beten ist jedoch auch Protest, denn es ist der Schrei zu Gott: „Wie kannst Du, der Du der „Liebhaber des Lebens" (Weisheit 11,26) bist, untätig sein und bleiben, wenn Du doch die Leidsituationen und Leidstationen meines Lebens kennst?!" So ist die Klage das Gebet der erschütternden Erfahrung der Ferne Gottes da, wo der Mensch doch eigentlich die Erfahrung Seiner Nähe bräuchte.

Wenn klagendes Beten etwas überhaupt nicht ist, dann konfliktscheues Beten. Wer klagend betet, traut sich, Gott auch unangenehme Dinge zu sagen, und traut Ihm zu, dass Er das auch aushält. Angst vor Gott kennt der klagende Beter jedenfalls nicht. Ferner ist jedes Wort der Klage ein Wort, das darauf zählt, dass das Schweigen Gottes nicht Sein letztes Wort ist. Wer betend klagt bzw. klagend betet, gibt zu verstehen, dass er sich und seinen Gott nicht aufgibt. So gilt – alles in allem –: Nicht Schweigen, Klagen ist Gold.

X.

Die Kunst des Betens als die Kunst des Segnens

Die Kunst des Betens wäre nicht sie selbst, wäre sie nicht auch eine Kunst des Segnens. Gekannt und gekonnt will darum auch das segnende Beten bzw. das betende Segnen sein. Doch wie steht es damit? „Viele Künste sind dem modernen Menschen vertraut; eine ganz wichtige hat er leider weithin verlernt: die Kunst des Segnens." Vor einigen Jahren hat diese These der jetzige Altbischof der Diözese Würzburg, Paul-Werner Scheele (*1928), gewagt und – leidenschaftlich beseelt durch Gehalt und Gestalt irischer Segensgebete – für ein Comeback dieser Kunst geworben.[34]

Leben braucht Segen. Menschen haben den Wunsch, einen Segen zu erhalten, ein gutes Wort gesagt zu bekommen;

denn so in etwa wäre ja der Sinn des lateinischen Verbums „bene-dicere" einzufangen. Einen Menschen segnen heißt, ihm dieses existenziell wichtige gute Wort, das er im und zum Leben immer wieder einmal gerade an dessen entscheidenden Stellen braucht, zuzusprechen.

Dabei ist der eigentliche Segenswunsch in allen Segenswünschen der, es möge der Himmel die Erde berühren – sichtbar, spürbar, fassbar. Denn was tut derjenige, der um Gottes Segen bittet für was und für wen auch immer, letztlich? Er bittet Gott um Gott. Er bittet Gott um Seine Nähe, um Seine Kraft, um Seine Macht, um Seine Gegenwart. Er bittet – alles in allem – Gott darum, dass Er sich selbst uns Menschen wahrnehmbar mache als Beschützer und Behüter, Wegbereiter und Wegbegleiter Seiner geliebten Töchter und Söhne durch Zeit und Welt.

Ein Segenswort ist ein Wort guter Wünsche von Menschen für Menschen. Und das kann es sein, weil es „ein Wort des Glaubens und der Hoffnung auf die Macht Gottes in unserem Leben" und „nicht ... ein Zauberwort in der Macht der Menschen"[35] ist. Segnen ist Beten, weil die, die segnen, Gott bitten, dass Er es sei, der das Gute, das sie einem Menschen wünschen, dann erwirke. So hat jedem, der segnet, wohl bewusst zu sein, selbst nicht der Garant der Erfüllung dessen, was er da spricht, sein zu können. Segnende Menschen sind darum stets demütige Menschen. Denn das ist ja „die Demut der Segnenden: sie spenden etwas, das sie [selbst] nicht haben."[36] Sie haben große Wünsche, für deren Erfüllung sie selbst nicht gerade stehen können, da diese sichtlich nicht in ihrer Hand liegt. Dennoch haben sie diese guten Wünsche, und sie trauen sich auch, diese vernehmbar werden zu lassen, weil sie der Macht der ungeahnten Möglichkeiten Gottes vertrauen.

Wer segnet, empfiehlt, was er segnet, der Macht Gottes. Geschehen kann das durch ein einziges Wort, wie Johannes Bours (1913-1988) – er war als Spiritual des Münsteraner Priesterseminars ein gesuchter und geschätzter geistlicher Lehrer – unter dem Titel „Segne …" einmal berichtet:

Vor einiger Zeit habe ich das kürzeste Morgen- oder Abendgebet gehört. Die Frau, die es mir sagte, war bekümmert; sie meinte: Mit meinem Beten am Morgen oder Abend ist es fast nichts, es besteht eigentlich nur aus einem einzigen Wort. Ich sage einfach – so fuhr sie fort – zu Gott: „Segne", und dann kommen Namen. Namen von Menschen, mit denen ich zusammenlebe, „Gott, segne" – und dann steigen die Namen, das heißt die Menschen vor meinem inneren Blick auf: die Menschen, die ich liebe – und die ich nicht liebe; ich sage Gott ihre Namen, so wie sie mir in den Sinn kommen. Ihre Gesichter tauchen vor mir auf. Und ich bitte Gott: Segne sie![37]

Wir Menschen sind ein Leben lang vor Überraschungen nicht sicher – auch nicht vor Überraschungen, sollten wir es tatsächlich wie diese Frau morgens oder abends mit dem Gebet „Segne …" einmal versuchen. Kann sein, dass unter Umständen unser Morgen- oder Abendgebet dann eben doch länger als erwartet ausfällt, weil uns immer noch jemand weiterer einfällt, der in unserer privaten kleinen „Litanei" des Segnens erwähnt werden müsste, sodass der Kreis der Erwähnten als kein zu klein zu ziehender Kreis uns doch mehr und mehr bewusst würde und sich unsere Segenswünsche entsprechend entgrenzen, bis dass sie zu guter Letzt aller Welt und aller Zeit gelten.

XI.

Die „kinderschwere" Kunst des Betens

Es gibt Dinge, die sind „kinderleicht", und es gibt Dinge, die sind „kinderschwer". Zu den Dingen, die immer „kinderschwer" waren, es sind und es auch bleiben werden, gehört auch die Kunst des Betens. Die Sache dieser Kunst, die eine große Sache ist, war, ist und bleibt eine schwere Sache. Doch „dass etwas schwer ist", so lehrte einst der Dichter Rainer Maria Rilke den jungen Dichter Franz Xaver Kappus (1883-1966) in einem auf den 12. August 1914 datierten Brief, „muss uns ein Grund mehr sein, es zu tun."[38] Treffend gesagt war das dem jungen Dichter, und ebenso treffend gesagt ist es jedem, der daran denkt, etwas, nur weil schwer ist, erst gar nicht zu versuchen.

Die Kunst des Betens ist eine „kinderschwere" Kunst; sie ist keine „kinderleichte" Kunst. Warum ist sie das? Wohl deshalb, weil es für uns Erwachsene so schwer ist, wieder wie ein Kind zu sein. Doch wer wissen will, was es heißt, wieder wie ein Kind zu sein, muss erst einmal wissen, was es heißt: ein Kind zu sein.

Ein Kind – das wäre ein erster Punkt – lebt im Hier und Jetzt. Seine Zeit ist die Gegenwart. Wieder werden wie ein Kind heißt demnach: wieder fähig werden, im Hier und Jetzt zu leben, die Gegenwart als die uns gegebene Zeit zu begreifen, was übrigens einen guten theologischen Grund hat. Denn Gott umarmt uns durch die Gegenwart. Wieder wie ein Kind werden heißt darum, bewusst in der Gegenwart zu leben und sich da von Gott umarmen zu lassen.

Ein Kind – das wäre ein zweiter Punkt – wird nicht geliebt für das, was es tut, was es leistet. Es wird einfach dafür geliebt, dass es ist. Wieder werden wie ein Kind heißt demnach, sich als Seine, Gottes, geliebte Söhne und Töchter, sich als Seine Kinder zu begreifen, die wir sind und es auch bleiben, wenn wir längst Erwachsene geworden sind, und die wissen dürfen: Sie werden von Gott nicht dafür geliebt, was sie tun, was sie leisten. Sie werden von Gott einfach dafür geliebt, dass sie sind.

Ein Kind – das wäre ein dritter Punkt – verfügt über die Kraft eines großen Vertrauens. Es lebt ganz aus der Kraft eines grenzenlosen Urvertrauens, in väterlichen und mütterlichen Händen behütet und beschützt zu sein. Wieder werden wie ein Kind heißt demnach, in sich wieder die Kraft zu entdecken, Gott grenzenlos zu vertrauen, denn Er, Gott, ist der, wie die Apostelgeschichte sagt, „in dem wir leben, uns bewegen und sind" (Apostelgeschichte 17,28).

Ein Kind – und das wäre ein vierter und letzter Punkt – lebt davon, dass es empfänglich dafür ist, sich das schenken zu lassen, was es zum Leben braucht. Es muss sich geben lassen, und es wird ihm auch gegeben. Wieder werden wie ein Kind heißt demnach, wieder offen dafür zu werden, sich beschenken lassen zu können mit dem, was man selbst nicht machen und selbst nicht kaufen kann: die Gabe der Gnade, in der sich Gott, der Geber alles Guten, selbst gibt.

Das also heißt es: wieder zu werden wie ein Kind:

1. sich durch das Leben in der Gegenwart von Gott umarmen zu lassen,

2. sich von Gott lieben zu lassen einfach dafür, dass man ist,

3. sich darin zu üben, Gott grenzenlos zu vertrauen, und

4. offen zu werden, sich durch die Gabe der Gnade und damit durch Gott selbst beschenken zu lassen.

Einfach (wieder) werden wie Kinder – ja, das müssen wir und das können wir. Gehen wir deshalb bei den Kindern in die Schule.

Lernen wir bei ihnen, den Kindern,

wie das geht, in den Armen der Gegenwart zu leben, damit uns Gott durch eben diese Gegenwart umarmen kann.

Lernen wir bei ihnen, den Kindern,

was es heißt, nicht dafür geliebt zu werden, dass ich etwas tue, dass ich etwas leiste, sondern einfach dafür geliebt zu werden, dass ich bin, dass es mich gibt, damit wir entdecken, dass wir auch als Gottes erwachsene Söhne und Töchter Seine geliebten Kinder sind und bleiben. Denn Gott liebt uns ja nicht, weil wir etwas Besonderes tun oder leisten; Er liebt uns, weil wir als Seine Kinder etwas Besonderes sind.

Lernen wir bei ihnen, den Kindern,

wie es möglich ist, aus der Kraft eines grenzenlosen Urvertrauens zu leben, und trauen wir uns wieder, aus der Haltung eines absoluten und unbedingten Vertrauens Gott gegenüber zu leben und uns in diesem Gottvertrauen als „wunderbar geborgen" zu erleben, wie es der von den damaligen braunen deutschen Machthabern ermordete evangelische Theologe Dietrich Bonhoeffer (1906-1945) gegen Ende seines Lebens gedichtet hat.

Lernen wir bei ihnen, den Kindern,

> wie wichtig es ist, das, was wir zum Leben brauchen, gratis zu erhalten, damit wir begreifen, dass die Dinge, von denen wir wirklich leben, immer geschenkte Dinge sind und Gott die Gabe Seiner Gnade und damit sich selbst immer gratis [„gratia gratis data"] schenkt.

Jesus Christus, der ja unser eigentlicher Lehrer auch in der Kunst des Betens ist, hat es uns wissen lassen. Wir müssen einfach (wieder) werden „wie die Kinder" (Matthäus 18,3). Und das kann uns gelingen, denn in uns Menschen gibt es – der Schriftsteller Michael Ende (1929-1995), der für Kinder und das Kind in den Großen schrieb, hat es uns Vergesslichen wieder in Erinnerung gerufen – „das Ewig-Kindliche"[39], das will, dass wir es leben lassen. Wem es gelingt, „das Ewig-Kindliche" in sich leben lassen, dem dürfte dann früher oder später die „kinderschwere" Kunst des Betens auch wieder „kinderleicht" fallen.

XII.

Fünf „goldene" Regeln für alle, die BeterInnen werden und bleiben wollen

1. Wie jede Kunst will auch die Kunst des Betens Schritt für Schritt gelernt sein. Es müssen keine großen Schritte sein, die Du tust. Gute Fortschritte wirst Du machen im Zeichen des Gebets „Herr, lehre mich die Kunst der kleinen Schritte!", das sich als guter Wegbereiter und Wegbegleiter Deines Mühens eignet.

2. Bete mit Dir selbst und Deinem Leben! Trage das, was Dich beglückt und bedrückt, vor Gott! Lass Dein Gebet zu einem Treffpunkt mit Dir selbst und Deinem Leben werden! Dann wird es auch zu einem Treffpunkt mit Gott! Mach Gott nichts vor und dir selber auch nicht und hab keine Angst, Gott alles zu sagen! Versuche, Dein Beten so zu verstehen, wie die heilige Teresa von Avila (1515-1582) es gelehrt hat: „als ein Gespräch mit einem Freund, mit dem wir oft und gern allein zusammenkommen, um mit ihm zu reden, weil wir sicher sind, daß er uns liebt."[40] Einem Freund kann man alles sagen – auch unangenehme Dinge –, denn gute Freundschaften sind belastbar. Geh einfach davon aus, dass Gott (D)ein guter Freund ist und eure Freundschaft das aushält, was Du ihm zu sagen hast!

3. „Es muss feste Bräuche geben." – Diesen bemerkenswerten Satz lässt der französische Dichter Antoine de Saint-Exupéry (1900-1944) den Fuchs in seinem Märchen „Der kleine Prinz" einmal sagen.[41] Tatsächlich braucht unser Leben um seines Gelingens willen „feste Bräuche", und das gilt auch für Dein Gebetsleben. Ein guter Brauch, aus dem jedes Gebetsleben lebt und den es darum auch unbedingt braucht, ist der Brauch, feste Gebetszeiten einzuplanen und einzuhalten. Gemäß einem geflügelten lateinischen Wort, das lautet: „Serva ordinem et ordo te servabit" [„Halte dich an die Ordnung, und die Ordnung wird Dir Halt geben"], bist Du gut beraten, auch Deinem Gebetsleben eine feste zeitliche Ordnung zu geben, und das heißt: Dir im tagtäglichen Lebensrhythmus Zeit(en) fürs Gebet – beispielsweise morgens, abends oder zu weiteren für Dich günstigen Tag(es)zeiten – zu nehmen und daran festzuhalten. Deine Gebetszeiten im Tagesverlauf seien Dir „heilige" Zeiten, die Du Dir als Zeiten für Gott nicht nehmen lässt!

4. „Beten lernt man nur durch Beten." Ein Satz, ebenso wahr wie der Satz: „Beten lernt man bei Betern." Wenn Du beten willst, kannst und musst Du nicht ständig eigene Gebete formen. Und wenn Dir dann wieder einmal die rechten Worte einfach nicht einfallen wollen, dann sei dankbar dafür, dass es Gebete gibt, deren Worte Du Dir leihen kannst. Such Dir Gebete aus, darin Du wohnen kannst, darin Du Dein Leben und Erleben beheimaten kannst! Mach Dir diese Gebete nach und nach vertraut und lass den Geist, der sie beseelt, auf Dich wirken!

5. „Gedichte fürs Gedächtnis zum Inwendig-Lernen und Auswendig-Sagen" – so lautet der Titel einer Sammlung von Gedichten der Schriftstellerin Ulla Hahn, die 1999 in Stuttgart erschien.[42] Wäre es nicht eine wunderbare Idee, Du sammelst „Gebete fürs Gedächtnis", schreibst sie Dir in (D)ein eigenes kleines Gebetbuch, eine kostbare Sammlung Deiner Lieblingsgebete, und tust dann alles dafür, sie „auswendig zu lernen" – „to learn by heart", wie die Engländer treffend sagen? Und wenn Du sie dann so gelernt hast, wird sich alles tatsächlich so fügen, wie es beim rechten Gebet sein muss: dass Dein Herz vorbetet, Dein Mund mitbetet und Dein Leben nachbetet.

XIII.

Beten und handeln – handeln und beten

Es kann keine Frage sein, dass das Gebet, wenn es „große Macht" hat, wie die große Mystikerin Mechthild von Magdeburg sagt, es auch Großes mit uns macht. Wo und wann jemand wirklich betet, bleibt dies nicht ohne Wirkungen. Ohne jetzt darüber zu streiten, was die Haupt- und was die

Nebenwirkungen des Gebetes sind: Wirkungen des Gebets gibt es immer, und ganz gleichgültig, ob es Haupt- oder Nebenwirkungen sind, erwünschte Wirkungen sind es in jedem Fall, da es stets gute Wirkungen sind.

Gebete ändern nicht die Welt. Aber Gebete ändern Menschen, und Menschen verändern die Welt. Wer immer es war, der das gedacht und gesagt hat, er hat etwas Wichtiges und Richtiges erkannt. Denn einzig die Glaubenspraxis, die begriffen hat, dass uns das Beten nicht vom Handeln dispensiert, läuft nicht ins Messer der Religionskritik. Ganz im Gegenteil! Denn es wird ja nicht gebetet, obgleich eigentlich gehandelt werden müsste. Es wird gebetet, damit gehandelt werden kann. Und worauf, wenn nicht darauf, kommt es denn eigentlich an?!

Gebete meinen es ernst mit der Änderung der Welt, da sie die Änderung des Beters betreiben. Tun wir darum also nicht das „Mund-Werk", tun wir das „Herz-Werk" (Rainer Maria Rilke) des Betens! Denn Gebete verändern unsere Welt, da sie erst einmal uns Beter und durch uns dann auch die Welt dem Willen Gottes entsprechend verändern. Wieder und wieder ist es so: Wer das „Herz-Werk" des Betens betreibt, betreibt dann bald auch das „Hand-Werk", den Willen Gottes zu erfüllen, und tut dann das, was Gottes Rat gemäß ist.

Es war der engagierte, als evangelischer Pfarrerssohn geborene Dichter Jochen Klepper (1903-1942), der in einem seiner Gedichte einmal auch eine Strophe zu Papier gebracht hat, die deutlich unterstreicht, worin die stets gute Verbindung zwischen Beten und Handeln eigentlich gründet. Die Strophe hat den Wortlaut:

> Die Hände, die zum Beten ruhn,
> die macht er stark zur Tat.
> Und was der Beter Hände tun,
> geschieht nach seinem Rat.[43]

Ein reifes Gebet ist immer Gebet, das zur Tat drängt und dann auch zur Tat wird. Es lässt uns wach und bereit sein dafür, wann, wo und wie uns Gott tätig sehen will. Wer recht zu beten weiß, der weiß auch recht zu handeln. So heißt es – und das mit einigem Recht. Da Gott der „Liebhaber des Lebens" (Weisheit 11,26) ist, der will, dass wir Menschen ein Leben führen, das wir lieb haben können, tun wir den Willen Gottes, wenn wir uns fragen, was wir da, wo wir leben, dafür tun können, dass das Leben der Menschen durch unsere Hilfe ein wenig lebenswerter und darum liebenswerter werden könnte. Zu rechnen ist jedenfalls durchaus damit, dass unser Gebet uns Mal um Mal zu einem tatkräftigen Handeln inspiriert.

Von dem auch dichtenden Pfarrer Wilhelm Bruners (*1940) gibt es ein Gedicht, das den bezeichnenden Titel „Warnung" trägt:

> Erwarte nicht zuerst
> dass deine Gebete
> erhört werden.
>
> Höre vielmehr
> was sie von dir
> erwarten.[44]

Wenn wir damit beginnen, diese „Warnung" ernst zu nehmen und zu beherzigen, dann wird sich unser Beten bald tatsächlich lohnen. In unserem Beten bleiben wir dann nicht bei der Frage stehen, was Gott für uns tun kann. Unser Beten stellt uns jetzt auch (vor) die Frage, was wir für Gott tun können. Gott zählt auf uns, denn das Gute, das Er für die Welt will, will er auch durch uns bzw. nicht ohne uns tun.

Unter der Überschrift „Wunsch" hat der Schweizer reformierte Pfarrer Kurt Marti (*1921) sich einmal die Notiz gemacht: „Daß Gott ein Tätigkeitswort werde."[45] Wer wie er diesen Wunsch hat, hat das große Interesse, dass sich Gottes Wille, der ganz Lebenswille ist, da Gott der „Liebhaber des Lebens" (Weish 11,26) ist, erfüllt, und weiß sich eben darum auch in seinem Leben gerufen, Gottes Willen zu tun. Wenn ihm ernst damit ist, wird er nicht davon ablassen, Gott immer wieder betend darum zu bitten, dass Er, Gott, Seinen Willen zu seinem Willen mache, damit er dann seinen Willen zu Seinem mache. Mit einigem Recht hat der bekannte jüdische Theologe Pinchas Lapide (1922-1997) betont, dass die Übersetzung „dein Wille werde getan" die stimmigere gegenüber der Übersetzung „dein Wille geschehe" sei – und das nicht ohne den Querverweis auf die englische Übersetzung „thy will be done" und die französische „ta volonté soit faite".[46]

Dass es uns Mal um Mal gelingt, den Weg vom Beten zum Handeln und vom Handeln auch wieder zum Beten zu finden, daran ist alles gelegen. Gut beten wir jedenfalls, wenn wir so beten, wie es sich nahelegt, wenn wir das Kruzifix in der Hauskapelle der Missionarinnen Christi in München betrachten.[47]

Der Corpus hat keine Arme und Hände (mehr). In einer Bombennacht des Zweiten Weltkrieges wurde die Figur des Gekreuzigten beschädigt. Es ist – so haben es bis zur Stunde etliche, die das Kreuz betrachtet haben, empfun-

den –, als spräche der Gekreuzigte zu ihnen die Worte: „Jetzt habe ich, der Sohn Gottes, keine Arme und Hände zum Handeln mehr, es sei denn Eure Arme und Hände."

In dem Liederbuch, das die Missionarinnen Christi in München in Gebrauch haben, befindet sich auch eine kleine Meditation zu einem Gebet aus dem 14. Jahrhundert, deren Zeilen trefflich benennen und bekennen, was der seiner Arme und Hände beraubte Gekreuzigte uns zu sagen hat.

HERR JESUS CHRISTUS,
Du hast uns beauftragt, weiterzugeben,
was wir empfangen haben,
weiterzusagen, was wir gehört haben.

Wir sind deine Hände.
Mit unseren Händen willst Du
Deine Arbeit in unserer Welt tun.

Wir sind Deine Füße.
Mit unseren Füßen willst Du
den Weg zu den Menschen finden,
die Du suchst.

Wir sind Deine Augen.
Mit unseren Augen willst Du
die Menschen entdecken,
die Du zur Freiheit berufen hast.

Wir sind Dein Mund.
Mit unserem Mund willst Du
Deine frohe Botschaft verkünden.

Du versprichst uns nicht,
dass unsere Arbeit anerkannt wird,
aber Du versprichst uns,
immer bei uns zu sein.

So wollen wir Dich und Deine Botschaft
im Dienst für die Menschen verkünden,
durch Dich,
mit Dir
und in Dir
zur Ehre Gottes, des Vaters.
Amen.

Um ein Kreuz, das spricht, das zu uns spricht, das uns
anspricht, das uns beansprucht, handelt es sich bei dem
Kreuz, das die Missionarinnen Christi in München tagtäg-
lich vor Augen haben. Die Botschaft des da zu sehenden
Gekreuzigten ist eine eindeutige. Seine Botschaft gilt es zu
hören. Dieses Kreuz spricht – und nicht nur dieses.

„Täter" des Wortes und nicht lediglich „Hörer" des Wortes
zu sein, dazu ruft der Jakobusbrief (Jakobus 1,22) auf. Dass
Gebet sorgt dafür, dass dem dann auch so ist. Denn betende Menschen wissen: Gottes Wort gibt zu tun. Und weil
sie das wissen, hören sie das im Wortgottesdienst der Eucharistiefeier verlesene Evangelium ganz bewusst stehend.
Denn dadurch bekunden sie die Bereitschaft, das gerade
„stehenden Fußes" gehörte Wort des Evangeliums unmittelbar nach dem Gottesdienst dann „gehenden Fußes" tat-
kräftig im eigenen Leben umzusetzen.

„Wie kann ich das Evangelium leben?" – so hat der ehemalige Würzburger Professor für Moraltheologie Bernhard
Fraling (*1929) eines seiner Bücher betitelt.[48] Wer sich dieser Frage stellt und die ernste Lebensabsicht hat, sie pass-
genau zu beantworten, der wird sich früher oder später
sagen: Ich kann das Evangelium leben, wenn ich willens
bin, dem Evangelium (m)ein Gesicht, das Gesicht meines
Lebens zu geben. So wird die Sache des Evangeliums über-

63

zeugend deutlich als das, was sie ist: eine „Angesichts-sache" eben und keine „Ansichtssache". Sichtbar wird das Evangelium in den unvermummten Gesichtern der Men-schen, die leben, was sie vom Evangelium verstanden ha-ben – und sei es auch noch so wenig. Frère Roger Schutz (1915-2005), Gründer und bis zu seinem Tod Prior der öku-menischen Bruderschaft in Taizé, hat ein Gebet geschrie-ben, das bezeugt, dass Jesus Christus selbst es war, der ihm diese Wahrheit wieder und wieder deutlich gemacht hat. Die entscheidenden Zeilen des Gebets lauten:

> „Du hast mir wiederholt gesagt: „Lebe das wenige, was du vom Evangelium begriffen hast. Verkünde mein Leben unter den Menschen. Entzünde ein Feuer auf der Erde. Komm und folge mir nach ..."
> Und eines Tages habe ich begriffen: Du wolltest meinen un-widerruflichen Entschluss."[49]

So oft Menschen das leben, was sie vom Evangelium be-griffen haben, so oft leuchtet der Charme des Evangeliums auf. Denn es gilt ja die Regel, dass in dem Maße, wie es uns gelingt, das Evangelium zu leben, das Evangelium uns auch leben lässt. Denn seine „Logik" ist eine Leben spen-dende, Leben schenkende „Logik".

Wer Taizé aufgesucht hat für einige Tage, hat auf alle Fäl-le auch in den gemeinsamen Gesang des „Ubi caritas et amor, Deus ibi est." eingestimmt und dessen wunderba-re Melodie lange im Ohr behalten. „Wo Liebe und Güte, dort ist Gott." So lautet die wörtliche Übersetzung des lateinischen Textes, und was damit eigentlich gesagt ist, ist wunderbar. Denn es geht um das Wunder, dass Gott tatsächlich dort ist, wo so gelebt wird, dass Liebe und Güte praktizierte Tat(en) werden. Liebe und Güte tatkräf-tig leben heißt Gott gegenwärtig setzen. Überall dort, wo

Menschen Liebe und Güte leben, kann Gott gar nicht umhin, selbst auch gegenwärtig zu sein. Und dieses Wunder erfahren zu dürfen, ist tatsächlich – Mal um Mal – etwas Wunderbares.

„Wenn Gott aufscheint in unseren Taten", so hat Rolf Zerfaß (*1934) einmal eine kleine Meditation aus seiner Feder betitelt.[50] Was der frühere Würzburger Pastoraltheologe da seinen LeserInnen sagen will, ist, dass ebenso gut wie durch das Wort sich auch durch die Tat vermitteln lässt, wer und wie Gott ist. Gott zu verkündigen durch das Wort und Ihn verkündigen durch die Tat – auf beides ist Wert zu legen. Es wäre zu wenig, würde Gott lediglich in unseren Worten aufscheinen. Gott muss aufscheinen auch in unseren Taten. Und Taten der Liebe und Güte eignen sich da gerade optimal, etwas von der Wirklichkeit des Gottes gegenwärtig zu setzen, der „die Liebe (ist)" (1 Johannes 4,8) und dessen „Güte reicht, so weit der Himmel ist" (Psalm 36,6). Liebe und Güte als gelebte Praxis sind eine allen Menschen verständliche Sprache, und darum wäre es wahrlich wenig klug, gerade in dieser Sprache nicht zu den Menschen von Gott zu sprechen.

In der Kirche gab und gibt es die großen und die kleinen Heiligen, die bekannten und die unbekannten Heiligen, die ganz gleich, ob groß und klein, bekannt oder unbekannt, immer jedoch Menschen waren und sind, die die Wirklichkeit Gottes in dieser Welt für die Menschen (haben) aufscheinen lassen. Grund genug, in jedem Jahr am 1. November das Fest „Allerheiligen" zu feiern, hat die Kirche damit allemal. Wie die Geschichte der christlichen Ikonographie tausendfach belegt, werden die Heiligen stets mit einem Heiligenschein abgebildet. Präziser und korrekter als diese bildlich sich darstellende Vernunft es tut, lässt sich nicht sagen, was ein Heiliger / eine Heilige ist: Ein Heiliger / eine Heilige ist jemand, der / die so lebt, dass Gott durch ihn / sie und das Leben, das er / sie führt, aufscheint in dieser Welt.

Ein Mensch, dessen Leben auch eine Erscheinung, eine „Epiphanie" Gottes ist, das ist das Leben eines / einer Heiligen. Diese Heiligkeit darf nicht als eine „elitäre" Sache begriffen werden; sie muss als eine „populäre" Sache begriffen werden. Denn zu dieser Heiligkeit sind nicht einige wenige berufen; berufen zu dieser Heiligkeit sind alle. Jedem ist es Zeit seines Lebens gegeben und aufgegeben, (wenigstens etwas von) Gottes Wirklichkeit – Seiner Liebe und Güte – aufscheinen zu lassen, und sei es auch auf eine noch so unscheinbare Weise. Und so behält bis zur Stunde der französische Romancier und Essayist Léon Bloy (1846-1917) unbedingt und uneingeschränkt Recht, der seinen 1897 erschienenen Roman „La femme pauvre" [„Die Armut und die Gier"] einst mit dem bedenkenswerten Gedanken beschloss, dass es eigentlich nur eine Traurigkeit gebe: die Traurigkeit, kein Heiliger zu sein."[51] BeterInnen wissen, warum.

XIV.

Gebet – ein „kleiner Ruf, der in den großen Himmel dringt" (Bischof Klaus Hemmerle)

Was sind Gebete, wenn sie nicht Briefe sind, die als „Herz-Post" vom Herzen des Menschen kommen und zum Herzen Gottes wollen, des himmlischen Vaters aller Menschen?! Jesus Christus, der uns das „Gebet der Gebete" geschenkt hat, hat uns gelehrt, Gott als unseren Vater im Himmel anzusprechen, dessen geliebte Söhne und Töchter wir als „die Kinder der Erde" (Karl Rahner) sind. Die einzig richtige Gebetsrichtung ist und bleibt darum die Himmelsrichtung. Beterinnen und Beter haben etliche Male bezeugt, die Zeit des Betens als eine Zeit erlebt zu haben, in der sie die Gewissheit beseelte: „Jetzt ist uns der Himmel nahe" bzw. „Jetzt sind wir dem Himmel nahe".

Wenn Menschen heute beten, tun sie dies auch in der Gewissheit, dass es Menschen gab, die vor ihnen gebetet haben, dass es Menschen gibt, die mit ihnen beten, und dass es Menschen geben wird, die nach ihnen beten werden. Und so sind sie beheimatet in einer Raum und Zeit umspannenden Gemeinschaft von Beterinnen und Betern.

Eine große – sichtbare und unsichtbare – Schar von Betenden umgibt jeden Menschen, der betet. Jeder und jede Betende ist eingebettet in die Gemeinschaft der Menschen, die immer wieder das „ewige Du" (Martin Buber) Gottes mal durch lobendes, mal durch dankendes, mal durch bittendes und mal durch klagendes Beten zu erreichen suchten, suchen und suchen werden. Teil der Gemeinschaft derer zu sein, denen es viel bedeutet, das „Herz-Werk" des Betens zu tun, ist ein großes Glück.

Zweiter Teil

Wege des Betens –
Einübung und Ausübung

von Lucida Schmieder OSB

Einleitung

„Ich möchte beten können." Dieser Wunsch ist immer wieder von Menschen zu hören, die darin ihr Verlangen nach einer lebendigen Gottesbeziehung ausdrücken. Viele, die sich für den Glauben an Gott entschieden haben und nun ernsthafte Schritte auf ihrem Weg mit dem Herrn tun wollen, verleihen damit ihrer innersten Sehnsucht Worte. Sie sind auf der Suche nach konkreten Hilfestellungen und Anleitungen für ein gelingendes Gebetsleben. Andere wiederum pflegen zwar schon lange das Gebet oder haben es sogar zu ihrem „Beruf" gemacht, erfahren es aber als ungenügend, kraftlos und müde. Sie geben darin ihrem Bedürfnis nach innerer Erneuerung Raum. Sie möchten Impulse und Anregungen für ihr Gebet, Hilfen in den Schwierigkeiten des Gebetsalltags und Reflexion ihres persönlichen Glaubensweges erhalten.

„Ich möchte beten können." Dieser Wunsch war zugleich der Anstoß, im Katholischen Evangelisationszentrum Maihingen eine so genannte „Gebetsschule" anzubieten, die unser Team nach einem Buch von Carlo Carretto unter das Motto „Wo der Dornbusch brennt" stellte.[1] Seit dem Beginn im Jahre 1996[2] haben viele Menschen diese Möglichkeit genützt, um ihre Gottesbeziehung zu vertiefen und in einen vertrauteren Umgang mit dem Herrn einzutreten. Zunächst in vier Kurseinheiten über zwei Jahre, dann ab 2005 in sechs Kurseinheiten über drei Jahre[3], werden sie dabei auf ihrem ganz persönlichen Lebens- und Gebetsweg von geistlich erfahrenen Personen begleitet und angeleitet. Dabei sind vor allem zwei Momente für den Kurs von zentraler Bedeutung: die Einführung in die spezifisch christliche Form des Gebetes und der Vorrang der Gebetspraxis vor der theoretischen Wissensvermittlung.

Im Mittelpunkt der Gebetsschule steht das Bemühen, den TeilnehmerInnen die besondere Art und Weise christlichen Betens zu vermitteln, sie zur Begegnung mit dem lebendigen Gott zu führen, der sich uns in Jesus Christus geschenkt hat. Gebet ist im christlichen Raum daher kein gegenstandsloses Meditieren oder eine Versenkungs- und Entspannungsübung, sondern die Ausrichtung auf den dreifaltigen Gott, der sich in der Person Jesu von Nazaret geoffenbart hat und uns je neu – vermittelt durch die Kirche – begegnen will. Christliches Gebet ist in erster Linie ein Offenwerden für das in Jesus Christus menschgewordene Wort Gottes, für die Begegnung mit dem lebendigen Gott, näher hin Betrachtung der Heiligen Schrift, die ja als ganze das Christusereignis bezeugt. Unser Kurs ist daher durch und durch von der Schriftmeditation geprägt und will den einzelnen zur so genannten „lectio divina" (= göttliche Lesung) hinführen.

Das zweite wesentliche Moment unseres Kurses ist die Möglichkeit des einzelnen, sich in verschiedenen Übungen auf das Beten einzulassen. Denn der Mensch lernt Beten nicht primär in der theoretischen Auseinandersetzung mit Gebet und Mystik, sondern vielmehr im Tun und Vollziehen. Beten lernen geschieht im Beten. Der Kurs will deshalb nicht vorwiegend über das Gebet sprechen, sondern zum Beten anleiten. Im Zentrum stehen deswegen die Gebetszeiten, die persönlichen wie die in Gemeinschaft. Die Vorträge und Impulse, die Gruppen- und Einzelgespräche, die vielfältigen gestalterischen Elemente (Symbole, Bewegung, Tanz) sind als Anregungen und Wegweisung, als konkrete Hilfestellungen auf dem Weg des Betens und Meditierens zu werten. Sie möchten der Begegnung mit dem Herrn, der Verlebendigung der Gottesbeziehung dienen.

Auf diesem Hintergrund wollen die folgenden Texte, die als Impulsreferate in der Gebetsschule gegeben wurden, verstanden und gelesen werden – als Anleitung und Hinführung zum persönlichen, existentiellen und lebenswahren Beten. Die einzelnen Impulse – sie sind vor allem Schriftauslegungen – wurden zum großen Teil in ihrer ursprünglichen Gestalt gelassen, so dass jeder für sich als Sinneinheit gelesen und meditiert werden kann. Jedem Impuls sind Besinnungsfragen und Gebetstexte angefügt, die helfen wollen, noch tiefer ins Gebet zu führen. Die einzelnen Texte wurden vier großen Gruppen zugeordnet gemäß den Themen der vier Kurseinheiten. Im ersten Teil geht es um die „Quellen" des Betens, der zweite steht unter dem Titel „Das Leben beten", der dritte setzt sich mit den „Entwicklungsstufen im Gebet", der vierte und letzte schließlich mit der „persönlichen Berufung" und den besonderen Gebetsgaben auseinander.

I.
Quellen des Betens

1. Mit der Bibel beten – die lectio divina

Viele Menschen sehnen sich danach, beten zu können. Sie geben so ihrem inneren Verlangen nach Gotteserfahrung Ausdruck. Ja, diese Sehnsucht nach der Begegnung mit Gott, mit dem Transzendenten und Ewigen ist eine Ursehnsucht des Menschen. Es drängt ihn zuinnerst zum wahren Leben. Er verlangt nach erfülltem Leben. Er sucht das „Mehr" und das „Tiefere". Er will zur eigentlichen Quelle finden. Beten hat mit Leben zu tun, mit Lieben und Angenommensein.

Die Sehnsucht nach dem Gebet ist bereits vom Heiligen Geist entfacht und reines Geschenk Gottes. Die Initiative geht immer von Gott aus, der „uns zuerst geliebt hat" (1 Johannes 4,19). Er ist es, der uns lockt und um uns wirbt. Er selbst will sich einem jeden von uns offenbaren. Er sehnt sich danach, uns zu begegnen. Unsere Sehnsucht ist angesichts dessen nur ein winziger Funke der grenzenlosen Sehnsucht Gottes, die Liebe ist und uns Leben schenken will. Er ist es auch, der uns, im Bild gesprochen, Quellen anbietet, die wir entdecken können, um aus ihnen zu schöpfen. Diese Quellen sollen uns anrühren, in die Tiefe und zur Begegnung mit dem führen, der in uns lebt und Ursprung und Ziel unseres Lebens ist.

Die Urquelle des Betens ist die göttliche Offenbarung, die Bibel, auch Heilige Schrift genannt. Die Bibel ist das leben-

Herr, du hast mich erforscht und
du kennst mich.
Ob ich sitze oder
stehe, du weißt
von mir.
Von fern
erkennst
du meine
Gedanken.

Ob ich gehe
oder ruhe, es
ist dir bekannt
du bist vertraut
mit all meinen
Wegen.

Ps 139,1-3

dige Wort Gottes, voller Hoffnungsbilder, die uns für das Geheimnis Gottes öffnen wollen. Das Wort Gottes ist ein Ereignis (hebr. dabar). Es vollbringt, was es sagt (vgl. Jesaja 55,11). Es gibt „Glück und Herzensfreude" (Jeremia 15,16). Es wirkt wie ein „ein Hammer, der Felsen zerschmettert" (Jeremia 23, 29). Das Wort Gottes ist lebendig, „kraftvoll und schärfer als jedes zweischneidige Schwert" (Hebräer 4,12). Es hat verwandelnde Kraft.

Die Heilige Schrift ist uns als das „Wort des Lebens" gegeben worden, das in Ewigkeit nicht vergeht (vgl. 1 Petrus 1,25). Sie ist an uns gerichtet und will uns ganz persönlich ansprechen. Sie beschreibt die Geschichte Gottes mit den Menschen und bezeugt so die Geschichte dieser wechselvollen Beziehung. Gott offenbart sich, wir vernehmen seinen Anruf, seine Botschaft und seinen Auftrag. Dann erfahren wir die Reaktion des Menschen darauf, sein Ringen mit Gott, sein Klagen und Hadern, aber auch seine Freude und sein Überwältigt-Sein, sein Überfließen von Lob und Dank. Die Bibel enthält alle Aspekte unseres Lebens. Das gesamte Spektrum menschlicher Empfindungen wie Freude, Trauer, Zorn und Angst findet sich darin.

In den Lebens- und Glaubens-Erfahrungen der Menschen, die uns in der Heiligen Schrift vorgestellt werden, können wir uns selber entdecken und wiederfinden. Die Erfahrungen Abrahams, Jakobs, Esthers, der Propheten, der Jünger Jesu – um nur einige wenige zu nennen - können für unser Leben richtungweisend werden. So wurde mir persönlich in einer Umbruchsphase ein Wort des Propheten Hosea wegweisend. Hosea ruft dem treulosen Volk zu, das immer wieder die machbaren Götzen seinem Gott vorzieht: *Nehmt Neuland unter den Pflug. Es ist Zeit, den Herrn zu suchen; dann wird er kommen und euch mit Heil überschütten* (Hosea 10,12).

Das Neue hat einen Preis. Es kostet das Alte. Es gilt, die alten ausgetretenen Trampelpfade zu verlassen, sinnlose und schädliche Gewohnheiten aufzugeben, um frei zu werden für das Neue, das Gottes Geist aufleuchten lässt.

Wenn wir uns wirklich einlassen auf das Wort der Schrift und es als Gottes Wort aufnehmen, das „lebt und das bleibt" (1 Petrus 1,23), sind wir mitten im Beziehungsgeschehen. Wir sind im Gebetsvollzug, wir beten. Dabei fällt uns das Gebet nicht einfach in den Schoß. Gottes Wirken ist zwar immer hundertprozentig für uns gnadenhaft aktuell, aber er wartet auf unser Mitwirken, auf unsere Bereitschaft zu empfangen und mitzutun. So gilt es, einen Weg, eine Methode (griechisch: *méthodos*; Bildung aus *metá*: hinterher, nach und *hodós*: Weg, Gang, „das Nachgehen, Verfolgen, die Verweglichung") aufzuzeigen, die uns zu einem lebenswahren Beten und zur Begegnung mit Gott führen kann. Ich möchte einen Weg mit Ihnen einüben, der in der benediktinischen Tradition wurzelt und von vielen BeterInnen erprobt ist, den Weg der „lectio divina", der göttlichen Lesung.[4]

Die *lectio divina* ist eine sehr alte, bewährte Gebetsweise, in der die heiligen Texte, die Psalmen, die Evangelien, die Erkenntnisse und Weisheiten, die Hymnen und Lieder, die uns in der Heiligen Schrift geschenkt sind, mit allen Kräften der Seele, mit Gedächtnis, Verstand und Wille, aufgenommen werden, um die Gegenwart Gottes in seinem Wort mit allen Sinnen auszukosten. Schon der heilige Benedikt hat in seiner Mönchsregel seinen Brüdern ans Herz gelegt, jeden Tag mindestens eine Stunde, in der Fastenzeit und im Winter aber noch länger, in der Schrift zu lesen. Er nannte diese Schriftlesung „göttliche Lesung", „lectio divina" – ein Ausdruck, der bis heute als feststehender Begriff etabliert ist.

Grundlage der *lectio divina* ist die Heilige Schrift, das Buch aller Bücher. Es können aber auch Texte von geistlichen Schriftstellern oder von Heiligen gelesen werden. Bereits Augustinus sagt, dass die liturgische Versammlung der Ort ist, wo das „Sakrament des Wortes" ausgeteilt wird. In der orthodoxen Kirche wird das Evangelium mit dem Zuruf: „Achtet, achtet auf das Wort Gottes!" oder mit dem Ruf: „Gebt acht, Gott spricht", hochgehalten. Die Verkündigung des Wortes Gottes in der Liturgie ist der eine Pol, in der wir dem göttlichen Mysterium begegnen. Der andere Pol, der uns einführt in das Geheimnis Gottes, ist die persönliche Schriftlesung, die *lecto divina.* Sie bereitet uns zum besseren und tieferen Verständnis der Liturgie vor. Johannes Chrysostomus, ein Kirchenvater aus dem 3. Jahrhundert, ermahnt die Gläubigen, die Wortliturgie in der *lectio divina* fortzusetzen. Er regt an, die im sonntäglichen Gottesdienst gehörten Lesungen zu Hause noch einmal zu lesen und zu vertiefen:

> „Wenn ihr nach Hause kommt, solltet ihr die Bibel zur Hand nehmen, und mit eurer Frau und euren Kindern das Wort nachlesen und wiederholen, das ihr in der Kirche gehört habt." Und in einer anderen Predigt: „Geht nach Hause und deckt zwei Tische, einen für die Schüsseln mit der Speise, den anderen mit den Schüsseln der Heiligen Schrift; der Gatte wiederhole, was in der Kirche gelesen wurde. ... Macht euer Haus zur Kirche."[5]

Wenn wir die Heilige Schrift im Glauben und betend lesen, wird Gott für jeden einzelnen von uns zum Du. Indem wir das Wort Gottes hören, hören wir ihn. Er spricht zu uns. In seinem Du-Angebot liegen die Kraft und das Licht zur Antwort. Wenn wir uns von seinem Geist anziehen lassen, dann verweilen wir in ihm und seine Gegenwart verwandelt uns. Wenn wir täglich das Wort Gottes lesen, betrachten, damit beten, werden wir verwandelt. Es ist wichtig, sich regelmäßig eine Zeit für die Schriftlesung zu reservieren. Dabei kommt es weniger auf die Dauer als auf die Kontinuität an. Von der Zeit, die wir uns ehrlichen Herzens nehmen können und nehmen wollen, sollten wir nicht abgehen, damit sich der Heilige Geist, der Kraftstrom Gottes, in uns Raum schaffen kann.

Nun ist die *lectio divina* ein Weg[6], der vier Etappen umfasst: *lectio* (Lesung) – *meditatio* (Betrachtung) – *oratio* (Gebet, Zwiegespräch) – *contemplatio* (Beschauung). Mit diesen vier Schritten ist ein Prozess angesprochen, der von Außen nach Innen, vom Lesen, Hören und Kennenlernen über das Betrachten und Erwägen zum Empfangen, Schauen und Einswerden führt. Der Heilige Geist, der in uns betet, hält sich aber nicht an die strikte Abfolge dieser Gebetsstufen, sondern weht, wo er will. Die Erfahrung zeigt nämlich, dass manchen Menschen auf ihrem Gebetsweg relativ rasch das Schauen geschenkt wird. Sie meinen dann sehr häufig, am Ziel angelangt zu sein. Bald merken sie aber, dass sie nicht auf der vierten Stufe des Schauens bleiben können. Sie spüren die Notwendigkeit, sich wieder von dem treuen, ausdauernden betenden Lesen nähren zu müssen. So ist das Beten ein lebenslanger Prozess, bei dem es unterschiedliche Phasen gibt, die variieren. Schauen wir uns diese vier Stufen einzeln an.[7]

In der ersten Phase, der *lectio*, wird das Wort Gottes langsam, mehrfach gelesen. Jedes Wort wird angeschaut mit der Frage: Was steht da? Es empfiehlt sich, den Text laut zu lesen, um ihn nicht nur zu sehen, sondern auch zu hören. Wir lesen, wir hören, was Gott tut. Um in Kontakt, in Kommunion mit dem Wort zu kommen, dürfen wir es nicht oberflächlich überfliegen. Zum besseren Verständnis können wir die

Ausführungen in den Fußnoten lesen und einen Schriftkommentar heranziehen. Dabei lesen wir nicht aus Wissensdurst, sondern aus der Sehnsucht heraus, Gott zu begegnen.

➜ Lectio: das Wort Gottes lesen
  • mit den Sinnen – mit dem Gedächtnis aufnehmen
  • Gott suchen

Dann wird in der zweiten Stufe, der *meditatio*, das Wort Gottes betrachtet, meditiert. Wir sehen uns an, was wir lesen, und bewegen die Worte und Bilder in unserem Inneren. Wir wiederholen einzelne Sätze, die uns angesprochen haben, und lassen sie ins Herz fallen. Wir lassen Assoziationen kommen. Wir können dabei fragen, was Jesus an anderen Stellen bereits getan und gesagt hat, oder ob es im Alten Testament Texte gibt, die darauf verweisen. Wir setzen die Schriftstelle, die wir gerade betrachten, in Beziehung zu anderen Perikopen. Auf diese Weise wird der eine Text in einen größeren Horizont gestellt und über sich hinaus geöffnet. Wir entdecken die Wahrheit, die in diesen Worten steckt, und erspüren, wie Gott ist und wie gut er an uns Menschen handelt. Wir kommen Gott näher, und das Sehnen des Herzens findet Raum.

➜ Meditatio: das Wort Gottes betrachten
  • mit dem Verstand aufnehmen Kauen – Wiederkauen (ruminatio)
  • das Sehnen des Herzens bejahen – die Wahrheit entdecken
  • Gott finden

In der dritten Etappe, der *oratio*, wollen wir mit Gott ins Zwiegespräch kommen. Bisher haben wir das göttliche Geheimnis, das durch den Schrifttext hindurch aufscheint, angeschaut, erspürt und erfühlt. Wir haben mit dem Verstand nachgedacht und geschaut, wo in der Schrift ähnliche Begebenheiten überliefert sind. Jetzt aber geht es um den Dialog, um den Austausch mit Gott, um den Kontakt mit dem göttlichen Du. Jetzt erflehen wir mit dem Willen, was wir ersehnen. Wir wollen das an uns geschehen lassen, wonach wir uns ausstrecken, und bitten Gott darum. Wir sprechen zum Herrn mit den Worten, die uns ins Herz gelegt sind: „Herr, komm du zu mir. Berühre mich mit deiner heilenden Liebe ... !"

Die *oratio*, in der wir mit dem Herrn in Dialog treten, ist ein Akt des Willens: "Ich will Dich, Jesus, bejahen, ich will dich mit dem Herzen annehmen, ich will dich empfangen, ..." Die ersten zwei Stufen der lectio divina stellen hierfür das Gerüst dar. Zunächst müssen wir das Wort Gottes lesen, dann betrachten und bewegen. Jetzt aber soll es in unserem Leben Wirklichkeit, Fleisch und Blut werden. Wir bitten, dass Gott sich uns ganz persönlich in seinem Wort offenbart, dass wir vom Ihm, von seinem Wort geformt und verwandelt werden. Wir staunen, danken, loben Gott für seine Größe, seine Liebe. Wenn das Wort in unserm Herzen Fleisch geworden ist, dann können wir nur niederfallen und anbeten.

➜ Oratio: das Wort Gottes beten
  • mit dem Willen erflehen, was ich ersehne
  • mit dem Herzen bejahen – Empfangen – Aneignen, Fleisch und Blut werden lassen, Sich „einverleiben"
  • Gott wirken lassen

Die *contemplatio* ist die vierte Stufe und zugleich das Ziel der lectio divina. In ihr geht es um das Verkosten des Wortes Gottes. Verkosten heißt im Lateinischen „sapere". Die „sapientia", die Weisheit, ist die Gabe, das innerste Wesen zu erkennen. Wir bejahen Gottes Gegenwart in seinem Wort mit dem ganzen Herzen, mit allen unseren Kräften. Staunend, in Ehrfurcht, in Demut und Liebe bejahen wir seine Gegenwart im Hier und Jetzt. Das geschieht in der Anbetung, in der wir ganz hingegeben, ganz offen sind. Wir werden mit der göttlichen Sehweise beschenkt. Wir sind im Schauen. Wenn wir spüren, dass wir jetzt lieber beim Herrn verweilen und uns von ihm lieben lassen möchten, dann sollten wir das einfach zulassen und zu keinem neuen Wort, zu keinem neuen Gedanken weiterschreiten.

> → Contemplatio: das Wort Gottes verkosten
> - entzündet werden (Glutgebet), schauen
> - ganz hingegeben, offen sein
> - beschenkt werden mit der göttlichen Sehweise: „In deinem Licht schauen wir das Licht." (Psalm 36,10)
> - in Gott bleiben – in der Liebe bleiben

Alle vier Schritte der *lectio divina* brauchen einander und dürfen nicht gegeneinander ausgespielt werden. Die *lectio* ohne die *meditatio* ist trocken. Wenn ich nur lese und nicht weitergehe und Assoziationen und Vorstellungen zulasse, bleibt die Lesung trocken. Umgekehrt gilt aber auch: *meditatio* ohne *lectio* ist dem Irrtum ausgesetzt. Denn die Phantasien und Bilder, die kommen, können überhand nehmen und benötigen die Rückbindung an die Heilige Schrift.

Die *meditatio* ohne *oratio* ist ohne Frucht. Wenn ich nur mit großer Ergriffenheit betrachte, aber nicht ins Beten, ins Zwiegespräch mit dem Herrn komme, ist das philoso-phisch-denkerisch, vielleicht auch dichterisch ganz schön, aber es ist nicht die göttliche Kraft dahinter, weil es nicht zum Gebet wird. Viele Menschen sind entzückt über ihre Bilder und all das, was ihnen aufgeht. Es bleibt aber auf der rein menschlichen Ebene, wenn es nicht ins Gebet mündet. Die *oratio* ohne *contemplatio* ist ziellos. Jedes Beten, je-der Dialog mit Gott führt zur Hingabe, zum absichtslosen Dasein, zur Anbetung und aus der Anbetung zum Dienst der Liebe. Echtes Beten verwandelt uns. So ist das Beten immer ein Ineinander von Lesung, Betrachtung, betendem Zwiegespräch und Verweilen, Anbeten, Schauen. Alle vier Weisen sind notwendig, da buchstäblich die Not wendend. Wir dürfen sie nie gegeneinander ausspielen und wertend vergleichen, wie wenn eine Stimme im gemeinsamen Chor höher und gottgefälliger wäre. Beten wir in der Freiheit der Kinder Gottes – so wie der Geist es uns eingibt, im Vertrau-en, dass er uns führt und uns genau das schenken will, was wir jetzt in diesem Moment am meisten brauchen.

Zur Besinnung

- Lesen Sie betend und beten Sie lesend eine Pe-rikope aus der Heiligen Schrift. Versuchen Sie, sich täglich eine gewisse Zeit für die *lectio divi-na* frei zu halten.

- Wählen Sie für die Schriftbetrachtung das Sonn-tagsevangelium, das Evangelium des Tages oder eine andere Schriftstelle, die Ihnen vertraut und innerlich nah ist.

- Nehmen Sie für Ihre *lectio divina* die folgenden Anregungen zu Hilfe. Bleiben Sie gegenüber den methodischen Hinweisen in der Freiheit des Herzens.

Anregungen zur *lectio divina*

Vorbereitung

- Eine gute Zeit festlegen und sie einhalten.
- Den Heiligen Geist herabrufen, sich bewusst machen, dass die „lectio" immer ein dialogisches Geschehen ist. Nur in der Gegenwart des Geistes kann Christus aufleuchten und uns den Vater offenbaren.

„lectio"

- Den Text, wenn möglich, halblaut, mehrfach, langsam lesen – nicht aus Neugierde, sondern in der Sehnsucht, dem Herrn zu begegnen.
- Verweisstellen nachschlagen, zum besseren Verständnis des Gelesenen einen Kommentar zu Hilfe nehmen,
- Das Lesen will mich zu Christus führen (nicht aus Wissensdurst).

„meditatio"

- Worte oder Verse des Gelesenen aus dem Gedächtnis wiederholen, ins Herz hineinfallen lassen, „ruminieren" = vor sich hinmurmeln.

- Offen sein, um andere Bibelworte aufsteigen zu lassen, die mich an die eben gelesenen erinnern. Assoziieren, was aus der ganzen Heiligen Schrift zusammenklingt.

- Aufspüren, was der Herr über sich selbst offenbart: Er ist einer, der ... .

- Reflektieren, was er mir hier und jetzt in meiner konkreten Situation sagt.

- Urteilen, was er will, das ich tun soll.

„oratio"

- Die Verwirklichung dessen ersehnen und erbitten, was mir als Möglichkeit aufgegangen ist. Dem Herrn begegnen wollen, der sich mir im Wort geoffenbart hat. Ihn bitten, dass er Willen und Herz verwandelt, damit ich das Gute, das ich erkenne, auch entschieden tue.

- Staunen, danken, loben, vertrauen.

„contemplatio"

- Im Bund seiner Liebe sein und bleiben.

- Beim Herrn verweilen, schweigen, einfach da sein und sich lieben lassen. Schauen und verkosten.

2. Der brennende Dornbusch –
Zeichen Gottes im Alltag

Wir sind eingeladen, in die Schule des Betens einzutreten. Das ist nichts anderes als eine Schule des Herrn, um in Gemeinschaft mit ihm und unter seiner Führung den Weg zum Leben einzuschlagen. Eine besondere Schule des Herrn ist das Alte Testament. In einer Fülle von Texten bezeugt das von Gott herausgerufene Volk Israel Jahwe als den, der es durch die Geschichte leitet. In der Betrachtung der Erfahrungen Israels treten auch wir heute in die Beziehung mit dem Herrn ein. Eine der eindrucksvollsten Geschichten im Alten Testament, die uns zeigen möchte, wie Gott zu uns spricht, ist die Erzählung vom brennenden Dornbusch im Buch Exodus (Ex 3,1-6). Hier offenbart sich Gott dem Mose in der Wüste, am Ort der Verbannung, mitten im gewöhnlichen Alltag, unerwartet und unverdient. Dabei lehrt uns die Reaktion des Mose erste Grundhaltungen des Betens.

Lesen wir den biblischen Text aus dem Buch Exodus langsam, Wort für Wort. Öffnen wir die Sinne, um wahrzunehmen und zu hören, was uns vom Wort Gottes entgegenkommt.

[1] Mose weidete die Schafe und Ziegen seines Schwiegervaters Jitro, des Priesters von Midian. Eines Tages trieb er das Vieh von der Steppe hinaus und kam zum Gottesberg Horeb.

[2] Dort erschien ihm der Engel des Herrn in einer Flamme, die aus einem Dornbusch emporschlug. Er schaute hin: da brannte der Dornbusch und verbrannte doch nicht.

[3] Mose sagte: ich will gehen und mir die außergewöhnliche Erscheinung ansehen. Warum verbrennt denn der Dornbusch nicht?

⁴ Als der Herr sah, dass Mose näher kam, um sich das anzusehen, rief Gott ihm aus dem Dornbusch zu: Mose, Mose! Er antwortete: Hier bin ich.

⁵ Der Herr sagte: Komm nicht näher heran! Leg deine Schuhe ab; denn der Ort, wo du stehst ist heiliger Boden.

⁶ Dann fuhr er fort: Ich bin der Gott deines Vaters, der Gott Abrahams, der Gott Isaaks und der Gott Jakobs. Da verhüllte Mose sein Gesicht; denn er fürchtete sich Gott anzuschauen.

(Ex. 3,1–6; vgl. Mk 12,26; Lk 20,37; Apg 7,30.35; Dtn 33,16)

Schauen wir uns den Weg an, den Mose bis zu dieser Begegnung mit Gott im brennenden Dornbusch zurückgelegt hat.⁸

Wer ist Mose?

Mose ist bereits 80 Jahre, als er den brennenden Dornbusch erblickt. Als Säugling zum Tod verurteilt, wurde er von seiner Mutter heimlich in einem Binsenkörbchen im Nil ausgesetzt. Die Tochter des Pharao rettete das Kind und nannte es Mose („Aus dem Wasser gezogen"). 40 Jahre war er am Hof des Pharao. Er war gut ausgebildet, ein tüchtiger und fähiger Mann. Als er entdeckt, dass er Hebräer ist, sehnt er sich danach, mit seinem Volk in Kontakt zu treten. Er ist empört über die Ungerechtigkeiten, die er sieht. Seine ganze Leidenschaft bricht auf, und er erschlägt einen Ägypter, der mit einem Hebräer böse umgegangen ist. Er muss fliehen und findet Zuflucht in der Wüste. Gott ist ihm vorausgegangen und hat ihm gerade dort ein Zuhause, ein einfaches und geregeltes Leben, bereitet. Er wird in die Familie des Priesters Jitro aufgenommen, heiratet eine Tochter Jitros und lebt so als Hirte und

Angestellter seines Schwiegervaters. 40 Jahre ist Mose bereits in der Wüste, in der Verbannung, im fremden Land. Und nun, wo er sich in der Fremde heimisch eingerichtet hat, stört Gott ihn auf, gibt ihm ein Zeichen und eröffnet ihm eine neue Zukunft. Gott selbst will sich dem gescheiterten Mose offenbaren.

- Dieser unendlich große Gott kennt auch unsere kleine Lebensgeschichte, unser Scheitern, unsere Ängste, Ausflüchte und unsere Fluchtwege. Er ist von Anfang an den ganzen Weg mitgegangen und hat auf uns geschaut. Er hat uns nicht vergessen, auch wenn wir ihn vielleicht schon aufgegeben haben. Er will uns ansprechen, uns im Gebet begegnen.

Lernen wir von Mose und schauen wir auf sein Verhalten:

Mose sieht und staunt

Die Apostelgeschichte berichtet uns, dass Stefanus in seiner Rede vor dem Hohen Rat die Geschichte des Volkes Israel im Blick auf Jesus Christus rekapituliert. Er geht auch auf Mose ein und betont, dass er beim Anblick des brennenden Dornbusches „staunte" (Apostelgeschichte 7,31).

Wir stellen uns die gebirgige Wüstenlandschaft vor. Die große Ebene des Horeb wird überragt von 1700 m hohen Bergen, die in sandigen, felsigen Terrassen aufsteigen. Auf einer dieser Terrassen erblickt Mose den Dornbusch, der brennt, aber doch nicht verbrennt. Mose wirft nicht nur einen kurzen, oberflächlichen Blick auf dieses Zeichen, sondern er schaut aufmerksam hin; lange genug, um ins Staunen zu kommen. Er hat sich dem Angebot Gottes im

Zeichen geöffnet und das Geheimnis nicht abgetan, vielmehr staunend bejaht.[9]

- Wenn wir Gottes Zeichen, seine vielfältige Gegenwart im Alltag wahrnehmen wollen, brauchen wir diese Offenheit für Neues. Wir müssen alle unsere Sinne öffnen und wahrnehmen, was da ist. Staunen heißt, sich absichtslos und ehrfürchtig dem Zeichen zu öffnen. Im Staunen treten wir bereits in eine betende Haltung ein. Wir verzichten dabei auf eine wertende Einordnung des Wahrgenommenen. Wir lassen das Zeichen auf uns wirken und sind von innen her offen für Überraschungen, für das Neue von Gott her.

Mose tritt hinzu, um zu sehen

Mose will sehen. Im griechischen Verb hat das Sehen eine besondere Qualität: *katanoêsai* bedeutet „mit dem Geiste schauen" (griechisch *nous*: Geist). Hier zeigt sich eine innere Beweglichkeit und Freiheit des Geistes, die sich Mose im Laufe seines schweren Lebens erworben hat. Jemand, der durch Misserfolge und Enttäuschungen verbittert und resigniert geworden ist, hätte gesagt: „Das bringt doch nichts, wozu mich bemühen!" Er aber sagt: „Ich will schauen, ich will mich aufmachen."

- Wir treffen hier eine erste Entscheidung. Wir interessieren uns, schauen genau hin, betrachten und erwägen, was uns hier an Verheißungsvollem anlockt, was Gott uns zeigen will. Wir sind bereit, tiefer zu sehen. Wir wollen die Zeichen Gottes ganz wahrnehmen.

Mose will aufbrechen

Das hebräische Verb „sur" bedeutet etwa „einen Exkurs, einen langen Weg machen". Darin liegt die Entschlossenheit: „Ich will diesem Zeichen nachgehen." Wir können annehmen, dass sich Mose mit seinen Schafen auf einer niedriger gelegenen Ebene in der Wüste aufhielt und auf einer höher gelegenen Terrasse den brennenden Dornbusch sieht. Er sagt: „Ich steige hinauf, auch wenn ich ganz herumgehen muss. Ich will sehen, um was es sich handelt." Dabei ist zu bedenken, dass in der Wüste eine schwer zu ertragende Sonnenhitze herrscht. Mose lässt sich davon nicht aufhalten. Er entscheidet sich, Umwege und Mühsal auf sich zu nehmen, um dem Zeichen näher zu kommen.

- Viele Menschen machen beim Beten halt, wenn Hindernisse und Schwierigkeiten auftreten. Begeisterung, die auftritt, wenn uns das Bild des brennenden Dornbuschs berührt, ist nur der Anfang. Jetzt kommt es darauf an, den langen, mühseligen Weg, den beschwerlichen Aufstieg auf sich zu nehmen und Schritt für Schritt weiterzugehen. Es werden immer wieder dunkle Strecken kommen, wo wir nichts sehen und Umgehungen die Sicht versperren. Aber kraft der Erinnerung – ich habe ihn ja brennen gesehen – können wir weitergehen.

„Mose, Mose!" – „Hier bin ich."

Mose wird nicht nur von Gott angesehen, sondern auch angerufen. Gleich zweimal hört er seinen Namen: "Mose, Mose". Und Mose öffnet sich und antwortet: Hier bin ich.

Sicher ist bei Mose auf dem langen, mühevollen Weg zum brennenden Dornbusch die Sehnsucht gewachsen. Wo die Sehnsucht wächst, kommt auch die Antwort aus dem Herzen.

- Wir können an dieser Stelle unseren eigenen Namen einsetzen. Gott ruft mich. Ich persönlich bin gemeint. So wie Gott mich anspricht, kann mich kein Mensch ansprechen; denn Gott kennt mich so, wie kein Mensch mich kennen kann. Die Tiefen meiner Seele sind ihm bekannt, meine Geschichte von Anfang an ist ihm vertraut: „Der Herr hat mich schon im Mutterleib berufen..." (Jesaja 49,1).

- Gott sieht mich in meiner ganzen Existenz. Wenn er mich mit Namen anruft, umfängt er mich als die von ihm einmalig geliebte Person. In diesem Anruf Gottes steckt schon die Kraft zur Antwort. Aber ich muss sie bewusst tätigen, d.h. nicht nur hören, sondern auch ausdrücklich tun: „Hier bin ich."

„Leg deine Schuhe ab; der Ort, wo du stehst ist heiliger Boden."

Jetzt wird Mose aufgefordert loszulassen, was die Begegnung mit Gott stören könnte. Erst wenn ich Gottes unermessliche Größe anerkenne, ihn zum Mittelpunkt meines Lebens mache, darf ich in den heiligen Raum eintreten, wo ein vertrauter Dialog möglich wird. Gott allein ist der Erhabene, der Heilige, der ganz andere und zugleich doch der mir so nahe Gott.

- Gott will, dass ich meine Schuhe ablege. Meine Schuhe des Macht- und Geltungsanspruchs, meine Sorgen- und Leistungsschuhe, meine Schuhe der Ungeduld und Mutlosigkeit. Er will mir so begegnen, wie ich bin: nackt und bloß, ohne Selbstschutz, ohne Masken, in großer Wahrhaftigkeit und ohne überflüssigen Ballast, der mich ablenkt, mich auf mich selbst zurückwirft und in den Mittelpunkt stellt.

Grundhaltungen des Betens

Fassen wir diese ersten *Grundhaltungen des Betens*, die wir in der Begegnung des Mose mit Gott im brennenden Dornbusch entdeckt haben, zusammen:

1. Ich bin beim Eintreten ins Beten offen und bereit, Neues an mich heran zu lassen. Ich nehme wahr, staune und verzichte auf eine wertende Haltung.

2. Ich lasse mich berühren vom Wort Gottes, betrachte und erwäge mit wachem Interesse, was er mir sagen will.

3. Ich lasse mich durch Hindernisse und Schwierigkeiten (z.B. innere Widerstände, Müdigkeit und Langeweile) nicht vom Beten abschrecken, sondern bleibe dabei und mache mich weiter auf den Weg.

4. Ich bin bereit, mich als die einmalige und einzigartige Person mit meiner ganzen Lebensgeschichte von Gott anschauen und mich (bei meinem Namen) anrufen zu lassen.

5. Ich bin bereit, eine Begegnung mit Gott zuzulassen, mich einzulassen auf seinen Anruf und heute zu antworten: „Hier bin ich."

6. Ich will allen überflüssigen Ballast, meine Masken able-gen und mich vom Herrn in meiner Nacktheit anschauen lassen. Ich darf bei Ihm so sein, wie ich bin.

7. Ich erkenne in einer Haltung der Ehrfurcht Gott als den Erhabenen, als den allein Heiligen an. Ich will Ihm die Ehre geben. Ich will Ihm nichts vorziehen, sondern Ihm bewusst den ersten Platz, die Mitte in meinem Leben, einräumen.

Zur Besinnung

Lesen und betrachten Sie langsam die Geschichte vom brennenden Dornbusch und stellen Sie sich diesen Fra-gen:

- Habe ich in meinem Leben Anrufungen Gottes erfahren? In welchen Phasen meines Lebens konnte ich diese Zeichen in besonderer Weise wahrnehmen?

- Ist mir bewusst, dass Gott hier und jetzt gegen-wärtig ist? Wo und wie suche ich Gottes Nähe? Gab es in meinem Leben Überraschungen, Er-lebnisse der Offenbarung Gottes?

- Mose machte sich auf den Weg zum bren-nenden Dornbusch und wagt den mühsa-men Aufstieg. Welche Hindernisse gilt es bei mir zu überwinden?

- Welche Schuhe muss ich ablegen, um Gott nä-her zu kommen, um auf „heiligen Boden" treten zu können?

Versuchen Sie in einer Zeit der Stille in folgenden vier Schritten einen Weg zu gehen:

- Ihren Namen neu hören;

- die Sehnsucht, Gott zu begegnen, zulassen;

- Lasten ablegen;

- erspüren, wie heilig der Ort ist, wo Sie stehen.

Versuchen Sie, wie Mose am brennenden Dornbusch Gott zu begegnen und Ihre Erfahrung ins Wort zu fassen!

In den Zeilen des folgenden Gebets lässt uns die Beterin teilhaben an dem Aufleuchten und der verwandelnden Liebeskraft ihrer persönlichen „Dornbuschbegegnung":

Ich wünschte mir ein Riesenfeuer
für alle Dornen dieser Welt –
und ich erschrecke:
bin doch selber Dorn,
verletzt verletzend,
andere und mich – und Dich!

Du schämst Dich nicht,
in Dornen Dich zu offenbaren,
verbrennst sie nicht –
durchwärmst, durchglühst...
ein Leuchten andrer Art.

Tritt nicht herzu
mit Deinen dicken Sohlen,
empfindungslos und immer auf dem Sprung.
Hier gelten nichts
die sichren, lauten Schritte,
die Unverwundbarkeit - das schnelle Glück.

Es ist Dein Boden
und Du wirst ihn spüren.
Du kannst behutsam sein
und langsam gehn,
und mit den Wunden
darfst Du vor mir stehn.

Leg Deine Schuhe ab,
musst Dich nicht selber schützen.
Sei wie Du bist
und nimm Dich nicht zurück.

Ich – Ich – Dein Gott –
ich rufe Deinen Namen,
bewahre ihn,
bis dann auch Du ihn kennst.

Ich selber nehme Deine Füße,
Dein ganzes Wesen zart
in meine Hand;
ich hab' die Dornen längst
auf mich genommen,
begreif; die Liebe ist's, die rief,
und die Dich fand.

Sr. Bärbel Quarg

Gebet

Herr, lehre uns beten.

Hilf uns, deinen Ruf zu hören und dein Wort zu verstehen. Nur du allein kannst uns bereiten, damit wir fähig werden, uns deinem Geheimnis zu nahen. Öffne uns für die Zeichen deiner Gegenwart in unserem Alltag. Zeige uns, wo heute das gewöhnliche, lästige Gestrüpp in unserem Tagewerk ist. Lass es durch das Wirken deines Geistes zum brennenden Feuer deiner Liebe, zum

Ort deiner verwandelnden Nähe werden. Rüttle uns auf, hilf uns, dein verborgenes Wirken zu sehen und die schlichten Zeichen wahrzunehmen. Gib uns Mut, den Aufbruch zu wagen und schenk uns langen Atem für die mühevollen Schritte.

Gib uns, dir wirklich zu begegnen. Amen.

3. Mit der Schöpfung beten – der Psalm 136

Beten heißt leben, in Beziehung treten. Gott selbst sucht Begegnung. Die erste Quelle des Betens ist die Offenbarung. Im brennenden Dornbusch ruft Gott den Mose. Eine zweite Quelle ist die sichtbare Schöpfung. Gott will uns in der Schöpfung begegnen. Indem wir die Dinge der Natur, einen Stein, einen Baum, ein Blatt, einen plätschernden Bach, mit all unseren Sinnen wert- und vorurteilsfrei wahrnehmen, anschauen und in uns einlassen, lassen wir uns hineinnehmen in das Wunder der Schöpfung. Wir kommen ins Staunen und Danken.

In den Psalmen des Alten Testamentes, den sog. „Tehillim" (hebräisch „Preislieder"), gibt es wunderbare Beispiele, wie das Wahrnehmen der Schöpfung zum Danken und Loben führt. Ein sehr beeindruckender Psalm, der die Schöpfung, das Leben und den Befreiungsweg des Volkes Israel besingt, ist Psalm 136, der im späten Judentum auch das „große Hallel" (= „Preiset") genannt wird.[10] Er ist wie eine Zusammenfassung der Bibel vom Buch Genesis bis zum Buch Josua. Der Psalm hat 26 zweizeilige Verse, in denen der erste Teil des Verses jeweils die Schöpfung besingt oder die Geschichte mit ihren Kämpfen und Drangsalen in Erinnerung ruft. Der zweite Teil dagegen mündet jeweils in Lob und Dank ein. Nach jedem Gedenken, sei es das Gedenken der wunderbaren Schöpfung oder das Gedenken an die Vergangenheit des Volkes, folgt der immer gleichlautende zweite Versteil: *Danket dem Herrn, denn seine Huld währt ewig* (so in der Einheitsübersetzung). In anderen Übersetzungen steht: *Seine Liebe hört niemals auf.* Martin Buber übersetzt sinngemäß: *Denn seine Gnade währt in Weltzeit.*

Insgesamt 26 Mal wird dieser Refrain wiederholt. Es klingt wie ein Lob- und Glaubensbekenntnis. Ja, es ist eine Feststellung: Gottes Güte ist allumfassend, sie ist ewig und kann weder eingegrenzt noch eingeschränkt werden. In der Heiligen Schrift leuchten immer wieder vier Eigenschaften der Güte Gottes durch.[11] Gottes Huld ist *zuverlässig.* Ich kann mich darauf verlassen. Sie gibt Halt. Gottes Huld ist *unverfügbar.* Ich kann sie nicht manipulieren, nicht in Griff bekommen für meine Zwecke. Gottes Huld, Güte, Liebe ist *unbegrenzt.* Sie wird durch keine Bosheit, keine Schuld, keine Hinterlist, keine widergöttlichen Mächte begrenzt. Und sie ist *ausschließlich.* Das heißt: Sie ist da und hat eine Vollmacht, die schöpferisch ist. Sie schließt alles Böse aus. Wir brauchen keine Angst zu haben, dass in das Kraftfeld der Liebe und Güte Gottes irgend etwas Fremdes und Störendes eindringen kann. Wenn ich mich öffne für seine Huld, bin ich gehalten. Und Beten bedeutet, sich in diese Beziehung zum Schöpfer einzulassen, sich in diese Huld hineinzubegeben.

Psalm 136 – Das große Hallel

Aufgesang

[1] Danket dem Herrn, denn er ist gütig,
     denn seine Huld währt ewig!
[2] Danket dem Gott aller Götter,
     denn seine Huld währt ewig!
[3] Danket dem Herrn aller Herren,
     denn seine Huld währt ewig!
[4] Der allein große Wunder tut,
     denn seine Huld währt ewig,

LOB auf den Schöpfer-Gott
Schöpfung: Vorwort der Geschichte (Genesis 1,14-18)

[5] der den Himmel geschaffen hat in Weisheit,
     denn seine Huld währt ewig,
[6] der die Erde über den Wassern gegründet hat,
     denn seine Huld währt ewig,
[7] der die großen Leuchten gemacht hat,
     denn seine Huld währt ewig,
[8] die Sonne zur Herrschaft über den Tag,
     denn seine Huld währt ewig,
[9] Mond und Sterne zur Herrschaft über die Nacht,
     denn seine Huld währt ewig,

LOB auf den Erlöser-Gott:
1) Befreiung – Führung – Herr der Geschichte:
   Auszug: Exodus aus dem Sklavenhaus

[10] Der die Erstgeburt der Ägypter schlug,
      denn seine Huld währt ewig,
[11] und Israel herausführte aus ihrer Mitte,
      denn seine Huld währt ewig,
[12] mit starker Hand und erhobenem Arm,
      denn seine Huld währt ewig,

13 der das Schilfmeer zerschnitt in zwei Teile,
   denn seine Huld währt ewig,

14 und Israel hindurchführte zwischen den Wassern,
   denn seine Huld währt ewig

15 und den Pharao ins Meer stürzte samt seinem Heer,
   denn seine Huld währt ewig.

16 Der sein Volk durch die Wüste führte,
   denn seine Huld währt ewig,

2) Gott kämpft für sein Volk: Einzug ins Gelobte Land

17 der große Könige schlug,
   denn seine Huld währt ewig,

18 und mächtige Könige tötete,
   denn seine Huld währt ewig,

19 Sihon, den König der Amoriter,
   denn seine Huld währt ewig,

20 und Og, den König von Baschan,
   denn seine Huld währt ewig,

21 und der ihr Land zum Erbe gab,
   denn seine Huld währt ewig,

22 der es Israel gab, seinem Knecht,
   denn seine Huld währt ewig.

LOB auf den Gott-mit-uns

23 Der an uns dachte in unsrer Erniedrigung,
   denn seine Huld währt ewig,

24 und uns den Feinden entriss,
   denn seine Huld währt ewig,

25 der allen Geschöpfen Nahrung gibt,
   denn seine Huld währt ewig,

Abgesang: Aufforderung zum Lobpreis Gottes

26 Danket dem Gott des Himmels,
   denn seine Huld währt ewig.

Gott selbst ist wie ein Magnet, der uns aus lauter Güte, Liebe und Huld an sich ziehen will. Er ist unendliche Güte, die wie eine Quelle immerfort fließt. Seine Zuwendung ist Liebe *zu* uns, *zu* jedem ganz persönlich – pausenlos, immerfort. Tag und Nacht ist Gott uns zugewandt. Wie ein Meer, das unentwegt wogt, ist diese unfassbare Liebe Gottes, sein schöpferisches Wirken für uns. Im Alltag leben wir aber oft so, als wäre Gott als Schöpfer weit weg, von seiner Schöpfung distanziert und isoliert. Wir sind im Alltagsleben oft in einer deistischen Gottesvorstellung gefangen, was besagt: Gott hat die Schöpfung zwar ins Leben gesetzt, aber jetzt rotiert sie auf sich alleine gestellt. Der Mensch muss für sich selber sorgen, Gott wohnt hoch droben im Himmel.

Der christliche Gott ist aber ein Gott der Begegnung, er ist dreifaltige Gemeinschaft und hat die Schöpfung aus Liebe aus sich heraus strömen lassen, so dass sie immer und ohne Ende mit ihm verbunden bleibt. Der Mensch verdankt sich in jedem Moment seines Daseins Gottes unablässigem Schöpferwirken. Der Glaubende weiß darum und tut es bewusst. Der Sonnengesang des heiligen Franziskus[12] ist dafür ein beredtes Zeugnis. Gegen Ende seines Lebens, in seiner wohl leidvollsten Stunde, krank und von quälenden Schmerzen geplagt, preist der Heilige von ganzem Herzen seinen Gott für die wunderbare Schöpfung. Durch seinen „bergeversetzenden" Glauben (vgl. Markus 11,23-25) sieht er gleichsam „den Himmel offen" (vgl. Johannes 1,51) und wird fähig, versöhnend die belastende aktuelle Wirklichkeit zu umarmen.

In diesem Zusammenhang sei auch auf ein sehr geläufiges Wort aufmerksam gemacht, das wir in vielen Dimensionen gebrauchen, auf das „Datum". Dieses Wort kommt aus dem

Lateinischen, von „dare" (geben), und bedeutet „gegeben". Datum heißt im Grunde Geschenk. Das Heute ist uns als Datum, als Geschenk gegeben – von IHM, dem Schöpfer des Himmels und der Erde, dem Schöpfer der Zeiten und der Räume. Im Griechischen wird für diese gegebene, geschenkte, gefüllte Zeit ein ganz spezifisches Wort, das Wort „Kairos" verwendet. „Die Zeit ist erfüllt", ruft Jesus am Anfang seiner Verkündigung, „Kehrt um, und glaubt an das Evangelium!" (Markus 1,15 par) Gott schenkt dem Menschen die Zeit, damit sie für ihn wirklich Datum, Gnadenzeit werde. Aber wir leben oft nur, ohne es zu wollen und ohne es zu wissen, in der berechnenden, gemessenen Zeit, im sog. „Chronos". Das ist der zweite Begriff für Zeit im Griechischen. Diese Zeit läuft uns oft davon. Wir rennen ihr nach. Ja, wir laufen Gefahr, immer wieder der Zeit nachzujagen. Wir geraten in Hektik und Stress.

Der biblische Mensch hat in der Regel ein echtes, gutes Zeitverständnis. Der Hebräer schaut gleichsam auf die Vergangenheit als etwas, das vor ihm steht. Er schaut und er sieht darin das Wirken Gottes. Die Vergangenheit wird in Erinnerung gerufen, sie geht durch das Nadelöhr der Gegenwart und weitet sich in die Zukunft. Und dieser enge Durchgang im Heute wird gelingen im Blick auf die huldvolle Weise, wie Gott sein Volk führt, wie er seine Schöpfung in der göttlichen Vorsehung immer neu schafft und durch sein Wirken für uns fruchtbar macht. Die in der Vergangenheit gegenwärtige Huld Gottes wird in der Zukunft noch größer sein. Dabei ist das Heute ausschlaggebend. Schaue ich heute auf die gestrige Huld Gottes, dann wird sie mir auch als morgige entgegen kommen. Der Psalm 136 ist zutiefst von diesem Zeitverständnis durchdrungen. Der Israelit schaut darin auf die Schöpfung, auf das Heil stiftende Wirken Gottes in der Vergangenheit und geht dadurch gestärkt und vertrauensvoll in die Zukunft.

Dieser Psalm ist zu Beginn des vierten vorchristlichen Jahrhunderts entstanden, in der nachexilischen Zeit. Es klingt noch die Erfahrung der babylonischen Gefangenschaft nach. In seiner aufzählenden Struktur ist der Psalm von der orientalischen Weisheitsliteratur geprägt, die gerne in Listen und Reihungen Dinge nacheinander benennt und anschaut. Die Israeliten übernahmen das von den Völkern, denen sie zur Zeit der babylonischen Gefangenschaft begegneten. Dabei sind für Israel das Staunen, das Sich-wundern und das Danken ganz besonders typisch. Das Volk Gottes wundert sich über das, was vorhanden ist, es staunt über die Wirklichkeit der Schöpfung. Israel betet so und bezeugt damit, dass es den Schöpfer bejaht. Und wer den Schöpfer bejaht, wird zum Danken bewegt und sieht sich selbst auch in diesem bejahenden Licht. Das Ziel dieses Psalms ist das Lob, die Verherrlichung des Schöpfers. Darin enthalten ist zugleich die Gnade, sein Dasein verdankt zu wissen.

Der Psalm gliedert sich in fünf Abschnitte. Am Beginn steht der *Aufgesang.* In vier Versen wird zu einem vierfachen „Danket" aufgerufen. Der erste Vers zeigt eine klare Wahrnehmung: Es geht um die Stellung Gottes. Wer ist Gott für mich? Für Gottes Güte zu danken, ist das Erste. Die menschenfreundliche Güte, die im Schenken und Wohlwollen überfließt, soll dankend anerkannt werden. Indem ich diese Güte besinge, habe ich Anteil daran. Sooft ich mit dem Herzen bete: „Herr, Du bist gütig", öffne ich mich dieser Güte Gottes wie eine Blume, die sich den Sonnenstrahlen zuwendet und so wächst und gedeiht. Gott steht also an erster Stelle. Er ist – auch in Anbetracht der vielen heidnischen Götter der fremden Besatzungsmächte – der „Gott aller Götter". „Danket dem Herrn aller Herren" heißt dann: Er ist der wahre Herr, der wahre Kyrios, „der allein große Wunder tut". Die Frage nach dem Wunder ist für die Israeliten kein Problem. Jeder Tag ist für sie ein neues Wunder. Jeder Baum, jede Blume, was alles wir in der Schöpfung sehen, ist Wunder. Das größte Wunder aber ist der Mensch.

Im *zweiten* Abschnitt leuchtet uns das Lob auf den Schöpfer-Gott entgegen. Diese herrliche Schöpfung wurde jedoch gebrochen durch die Sünde des Menschen. Doch der Schöpfer ist auch der Erlöser-Gott. Im *dritten* Abschnitt wird Er gepriesen für seine befreienden Taten, für seine Herausführung des Volkes aus dem Sklavenhaus Ägypten. Im *vierten* Abschnitt wird an die Landnahme erinnert. Gott selbst kämpft für sein Volk und führt es – trotz aller Widerstände - in das gelobte Land. Das Volk weiß sich geborgen unter dem Schutz Gottes. Schließlich folgt im *fünften* und letzten Abschnitt, im *Abgesang*, der Lobpreis auf den „Gott-mit-uns", „der an uns dachte in unsrer Erniedrigung", der im Exil, in jeder Phase des Scheiterns, „uns den Feinden entriss", der unser Ernährer war, „der allen Geschöpfen Nahrung gibt".

Dieser Psalm wird uns noch kostbarer, wenn wir bedenken, dass Jesus diesen Psalm nach dem letzten Abendmahl, der Pascha-Feier, gebetet hat, dann selbst zum Ölberg hinauf ging und bereit war, sich in die äußerste Erniedrigung zu begeben. Er, der sich zuvor seinen Jüngern in unfassbarer Selbsthingabe zur Speise gab und sprach: Nehmt und esst, „das ist mein Leib (das bin ich), der für euch hingeben wird" (Vgl. Lukas 22,19).

Dies hat aber auch eine tiefsinnige Weiterführung. So wie Jesus sich hingab als Gabe, will er uns bereiten, dass auch wir durch diese Antwort des Dankens immer mehr verwandelt werden zu einer Gabe für die anderen.

Zur Besinnung

Betrachten Sie den Psalm 136 mit Hilfe der folgenden Fragen und Anregungen.

- Überblicken Sie die letzten Wochen, Monate und Jahre! Was lässt Sie staunen?

- Nehme ich wahr, dass Gott in meinem Leben am Wirken ist? Was deutet darauf hin?

- Verstehe ich den heutigen Tag als gegeben, als Geschenk? Lebe ich das Heute als Datum?

- Begreife ich mein ganzes Leben als Geschenk, als Datum? Worüber kann ich mit ganzen Herzen spontan von innen her sagen: Gott sei Dank?

- Der Psalm 136 umfasst 26 Verse. Versuchen Sie, 26 Daten Ihres Lebens aufzuzählen, für die Sie danken möchten! Schreiben Sie Ihren persönlichen Dankpsalm!

Anregungen für das persönliche Beten

Naturmeditation

- Machen Sie einen Spaziergang in der Natur! Versuchen Sie, die Dinge der Schöpfung bewusst mit allen Sinnen wahrzunehmen, sie absichtslos anzuschauen. Nehmen Sie sich dafür Zeit!

Gebetsbeginn

- Üben Sie am Beginn ihrer Gebetszeit immer wieder das zweckfreie Wahrnehmen, das Dasein im Jetzt! Nehmen Sie die Gebetshaltung ein, die Ihnen gut tut! Nehmen Sie ihren Leib wahr, spüren Sie Ihren Atem! Sie sind ganz da, ganz Ohr, ganz bereit, sich darauf einzulassen, was der Herr Ihnen im Gebet sagen möchte.

Abendliche Gebetspraxis – Gebet der liebenden Aufmerksamkeit

- Das sogenannte „Gebet der liebenden Aufmerksamkeit"[13], erwachsen aus der bekannten ignatianischen Praxis der täglichen Gewissenserforschung, ist besonders hilfreich, unsere Gottesbeziehung zu vertiefen, lebenswahr zu beten und im Vertrauen zu wachsen. Versuchen Sie abends 10-15 Minuten freizuhalten, um den ganzen Verlauf des Tages noch einmal in Erinnerung zu rufen und unter folgenden Akzenten betend anzuschauen:

1. Einübung ins Dasein:

- still und ruhig werden, ankommen, zu sich selbst kommen, bewusst vor Gott da sein.

- Hilfen: ruhiger Ort; durchatmen; kommen lassen, was am meisten bewegt, um es dann loszulassen.

2. Danken

- Alles, was da ist, als Wohltat Gottes betrachten und im Dank an Gott zurückgeben.

3. Unterscheidung

- Den Tagesablauf geistlich prüfen und in einem ersten und zweiten Blick unterscheiden:

– *erster Blick:* alles ohne Wertung ins Bewusstsein kommen lassen: Ärger, Freude, Trauer, Ungeduld, Begegnungen, Entscheidungen, etc.

– *zweiter Blick:* Unterscheidung, in welche Richtung mich die Ereignisse, die Empfindungen, das eigene Tun führen: in die Richtung Gottes und der Liebe oder in die Richtung des Bösen und der Lieblosigkeit.

– *Hilfe zur Unterscheidung:* ein Ereignis langsam da sein lassen – langsam hören, was gesprochen wurde; schauen, was geschehen ist; spüren, was empfunden wurde. Durch langsames ‚Kauen' zeigt sich im Nachgeschmack, ob der Friede tief gegründet oder ein fauler Friede ist, ob die Freiheit wirklich befreiend oder ein Deckmantel der Bosheit ist, ob etwas nur kurzfristig oder auch langfristig gut tut.

4. Versöhnung

– Wahrnehmung von Unversöhntem: ein Streit, ein böses Wort, ein Versäumnis, eine grobe Rücksichtslosigkeit, Lieblosigkeiten, unaufmerksames Dasein, unverantwortliches Handeln. Die Wahrnehmung kann schon befreiend wirken.

– Alles Unversöhnte in Gottes Hände legen.

5. *Vorausschau – Konsequenz für morgen, für den Weg in die Zukunft*

Alles, was ich erkannt habe, ist Licht und Kraft für meinen weiteren Weg. Die Vorausschau ist eine Entscheidung für den Sprung ins Vertrauen, ein Wagnis, sich ganz neu auf den Herrn einzulassen.

– Wofür möchte ich den Herrn um Kraft und Weisung bitten?

„Lasst uns wandeln im Lichte des Herrn!"
(Jesaja 2,5)

Die *„geistliche Abendschau"* kann auch einmünden in ein persönliches Herzensgebet zu Gott, dem Herrn und „Leben meines Lebens".

Du Leben meines Lebens

Wie gut,
in Deinen Augen kostbar zu sein
und in Dir, dem Leben meines Lebens, leben zu dürfen...

Wie gut,
innezuhalten und da zu sein
und in Deiner Gegenwart zu verweilen...

Wie gut,
dass Du uns „Leben und Atem und alles" gibst und wir
staunend und dankend leben können...

Wie gut,
mit all meinen Grenzen von Dir umfangen zu sein
und bittend mich von meiner Sehnsucht leiten zu lassen…

Wie gut,
offenen Auges meine Wirklichkeit zu sehen, sie von Dir
anschauen zu lassen
und wahr und frei zu werden…

Wie gut,
so wie ich bin, von Dir angenommen zu werden
und versöhnt neue Lebensmöglichkeiten zu entdecken…

Wie gut,
immer neu meinen Alltag liebend gestalten zu dürfen und
Dich in allem und alles in Dir
zu suchen und zu finden…
Amen

Willi Lambert SJ

Gebet

Herr, du kennst unsere Sehnsucht nach Leben. Lass uns
dich erkennen, den Quell allen Lebens. Schenke uns
den achtsamen Blick und ein ehrfürchtiges Handeln
für deine Schöpfung, die du uns anvertraut hast. Gib,
dass wir in allem deine Spuren entdecken. Vor allem
lehre mich zu staunen und zu danken für mich selbst,
„weil du mich so wunderbar gestaltet hast" (Psalm
139,14). Denn du hast uns nach deinem Ebenbild erschaffen. Der Kuss deiner schöpferischen Liebe hat uns
zum Leben gebracht. Deine Zuwendung bejaht jeden
Menschen. Nimm von uns alles oberflächliche, herz-
lose Denken und Tun, das Leben zerstört. Schenke uns,
an deine lebenspendende Schöpfermacht zu glauben

und aufrichtig mitzuwirken und mitzulieben. Gib uns deinen Heiligen Geist, damit wir nach deinem Willen leben und dem Leben anderer dienen. Amen.

4. Die Menschwerdung Gottes –
Kindwerden mit dem Kind

Eine weitere Quelle des Betens findet sich im Geheimnis der Menschwerdung. Gott hat sich nicht nur offenbart im Alten Bund, er zeigt sich nicht nur in seiner Schöpfung, sondern er hat sich selbst erniedrigt und ist zu den Menschen hinabgestiegen. Die Menschwerdung Gottes übertrifft alle anderen Quellen des Betens: Die ganze Schöpfung ist aus dem göttlichen Wort und auf das göttliche Wort hin geschaffen. Die Gotteserfahrungen des Volkes Israel führen zu Christus hin. Der Alte Bund findet seine Erfüllung im menschgewordenen Sohn Gottes. Auch der brennende Dornbusch ist ein Vorausbild für dieses Geheimnis der Menschwerdung Gottes. Gott selbst lässt sich auf die unscheinbare Menschennatur, auf die gebrochene und sündige Menschheit ein. Er nimmt das dürre, blütenlose Gestrüpp des menschlichen Lebens mit all seinen Gebrechen an.

Ein beeindruckender Text, der die Menschwerdung betend reflektiert, ist der Prolog des Johannesevangeliums. Während Matthäus und Lukas ihrem Evangelium jeweils Vorgeschichten voranstellen, in denen die Kindheit Jesu erzählt wird, leitet Johannes sein Evangelium mit einem Hymnus ein, der den Abstieg Gottes in das menschliche Fleisch besingt.

Dieser weist drei Abschnitte auf. Im ersten (Verse 1-5) wird das Wort (griech. *logos*) besungen, das seit Ewigkeit

³ Alles ist durch das Wort geworden,
und ohne das Wort wurde nichts, was geworden ist.
⁴ In ihm war das Leben,
und das Leben war das Licht der Menschen.
⁵ Und das Licht leuchtet in der Finsternis,
und die Finsternis hat es nicht erfasst.

2. Das Heilswirken des Wortes

⁶ Es trat ein Mensch auf,
der von Gott gesandt war;
sein Name war Johannes.
⁷ Er kam als Zeuge, um Zeugnis abzulegen für das Licht,
damit alle durch ihn zum Glauben kommen.
⁸ Er war nicht selbst das Licht,
er sollte nur Zeugnis ablegen für das Licht.
⁹ Das wahre Licht, das jeden Menschen erleuchtet,
kam in die Welt.
¹⁰ Er war in der Welt, und die Welt ist durch ihn geworden,
aber die Welt erkannte ihn nicht.
¹¹ Er kam in sein Eigentum,
aber die Seinen nahmen ihn nicht auf.
¹² Allen aber, die ihn aufnahmen, gab er Macht,
Kinder Gottes zu werden,
allen, die an seinen Namen glauben,
¹³ die nicht aus dem Blut,
nicht aus dem Willen des Fleisches,
nicht aus dem Willen des Mannes,
sondern aus Gott geboren sind.

3. Antwort und Zeugnis der Glaubenden

¹⁴ Und das Wort ist Fleisch geworden
und hat unter uns gewohnt,
und wir haben seine Herrlichkeit gesehen,
die Herrlichkeit des einzigen Sohnes vom Vater,
voll Gnade und Wahrheit.

15 Johannes legte Zeugnis für ihn ab und rief:
Dieser war es, über den ich gesagt habe:
Er, der nach mir kommt, ist mir voraus,
weil er vor mir war.
16 Aus seiner Fülle haben wir alle empfangen,
Gnade über Gnade.
17 Denn das Gesetz wurde durch Mose gegeben,
die Gnade und die Wahrheit kamen durch Jesus Christus.
18 Niemand hat Gott je gesehen.
Der Einzige, der Gott ist und am Herzen des Vaters ruht,
er hat Kunde gebracht.

Der Kernbegriff dieses Textes ist das griechische Wort „logos", das hier im Deutschen mit „Wort" übersetzt wird. „Wort" bedeutet an dieser Stelle im Grunde aber „Gedanke", nämlich „Gedanke Gottes". Im biblischen Sinne beinhaltet das Gedenken Gottes immer auch sein Tätigwerden. Im Hebräischen Begriff „dabar" (Genesis 1: Gott sprach) wird das besonders deutlich. Dabar bedeutet nämlich Wort und Ereignis zugleich. Wort, Gedanke und Ereignis sind bei Gott gleichzeitig. Für Gott gibt es keine Trennung von Gedanke und Tat, Entschluss und Verwirklichung in der Zeit. Wenn Gott denkt, dann geschieht es. Wenn er denkt: Ich liebe dich, du bist mein geliebter Sohn, meine geliebte Tochter, dann ist das ein Ereignis. Die Liebe Gottes umhüllt und durchdringt mich dann wirklich.

Im Anfang war das Wort (Vers 1)

Dieser erste Satz des Johannesprologs erinnert an den Beginn des Schöpfungsberichtes: *Im Anfang schuf Gott Himmel und Erde* (Genesis 1,1). Indem Johannes dieses bedeutungsvolle Wort aus dem Buch Genesis aufgreift, will er zugleich herausheben, dass nun Gott mitten in der Sündengeschichte der Menschheit einen neuen Anfang setzen will. Mit der Menschwerdung des Wortes beginnt Gott seine Geschichte mit den Menschen neu.

„Im Anfang war das Wort" bedeutet, dass Gott auch unseren Anfang gesetzt hat und in unseren sündigen Verstrickungen einen Neuanfang setzen will. Wie der Anfang meines Lebens, wie die Umstände meiner Zeugung waren, ist nicht das Wesentliche. Das Wesentliche ist, dass Gott es zugelassen hat: Er hat mich gewollt und erkannt. („Erkennen" ist in der Bibel gleichbedeutend mit „lieben".) Er hat sich völlig auf mich eingelassen, hat mich geliebt von Anfang an. Und dort, wo wir durch die Lebensumstände in unserem Anfang verletzt worden sind, will Gott einen neuen Anfang schenken.

Er hat seine Macht zur Neuschöpfung in dem Neuanfang gezeigt, den er mit Maria gesetzt hat. Sie ist die Immaculata, die Unbefleckte. Man könnte sie auch „Maria vom heilen Anfang" nennen. Denn sie wurde vorausgeliebt, vorauserlöst, vorausgerettet, vorausgeheilt, vorausgeheiligt. Was Maria in der vorlaufenden Liebe Gottes geschenkt wurde, damit sie in Freiheit zur Menschwerdung Gottes ja sagen konnte, wurde uns in der Taufe geschenkt, damit auch wir in Freiheit ja sagen können: Ja zu unserer Heilung, Ja zu einem neuen Leben. Wir sind durch die Schuld der Umwelt und durch unsere eigenen Sünden verletzt. Unsere Liebesfähigkeit ist gemindert. Aber Gott will diesen Panzer der Schuld durchbrechen und unsere Wunden heilen. Er will uns einen neuen Anfang schenken, der etwas viel Größeres ist als alles Bisherige. So wie Maria ganz offen war für das Heilsangebot Gottes, ist jeder einzelne von uns eingeladen, sich dem Heilswirken Gottes zu öffnen und dem persönlichen Namen den Titel „vom neuen Anfang" beizufügen.

Das wahre Licht, das jeden Menschen erleuchtet, kam in die Welt (Vers 9)

Der neue Anfang, das lebendige Wort des ewigen Vaters, will in die Welt kommen. Das wahre Licht, das jeden Menschen erleuchtet, leuchtet nicht nur in der Schöpfung auf, sondern will auch mich erleuchten, mir Licht schenken. „Licht" meint in der Heiligen Schrift erhellende, erbarmende Liebe, und zwar in zwei Sinnrichtungen: Die erbarmende Liebe wirkt heilend wie Salböl auf offenen Wunden; sie ist aber auch fest wie ein Hammer, der Panzer zerbricht: „Ist nicht mein Wort wie Feuer – Spruch des Herrn – und wie ein Hammer, der Felsen zerschmettert?" (Jeremia 23,29) Es kann sein, dass ich mich einmal wie eingemauert erfahre, so dass ich bete: Herr, zerbrich meinen Panzer, zerbrich die Mauer, und ein andermal mit meinen Wunden konfrontiert bin und so um dieses Salböl der Liebe Gottes bitten mag.

Allen aber, die ihn aufnahmen, gab er Macht (griech. exousia: Vollmacht), Kinder Gottes zu werden. Allen, die an seinen Namen glauben. (Vers 12)

Das ist der Schlüsselsatz des Prologs. Es geht im letzten darum, Kind zu werden mit dem Kind. Gott selbst wird Kind, ein kleines Kind, das ganz offen ist, ganz hingegeben an den Vater und ganz ausgestreckt nach den Menschen. In seiner Wehrlosigkeit ist das göttliche Kind völlig abhängig von seiner Umwelt und ausgeliefert an die Menschen.

Wenn uns das göttliche Kind anblickt, wird unser eigenes Kind, unsere Kinderseele angeblickt. Wagen wir es, unser inneres Kind vom göttlichen Kind anschauen zu lassen. Gott liefert sich im Kind jedem von uns bedingungslos aus. Im Geheimnis von Bethlehem ahnen wir etwas von der

Länge und Breite, von der Höhe und Tiefe der Liebe Gottes, die alle Erkenntnisse übersteigt (vgl. Epheser 3,18f.). Gott macht sich uns gleich. Er macht sich klein, unscheinbar, machtlos. Er geht ein in unsere Grenzen, Schwächen und Behinderungen. Er lässt sich buchstäblich – das wird schon in der Krippe aufgezeigt – zerbrechen. Er gibt das Letzte, das Leben für uns. Im Geheimnis der Menschwerdung wird offenbar, dass uns die göttliche Liebe an sich ziehen will.

Das Kindwerden Gottes, das wir an Weihnachten feiern, ist der Anfang der großen Liebe, die stärker ist als jede Sünde, als Tod und Hölle. Gott will in uns Kind werden, damit unsere Kinderseele befreit wird. Unter dem Blick des göttlichen Kindes kann Verwandlung geschehen: „Aus seiner Fülle haben wir alle empfangen, Gnade über Gnade" (Vers 16).

Zur Besinnung

- Bitten Sie um die Ausgießung des Heiligen Geistes! Lesen Sie anschließend den Prolog des Johannesevangeliums und nehmen Sie folgende Fragen zu Hilfe!

- Erfahre ich mich von Gott gewollt, von ihm unendlich geliebt? Kann ich mich annehmen als die Person, die ich bin?

- Will ich mich von Gott erneuern lassen? Mich mit ihm auf einen neuen Anfang einlassen?

- Gibt es Erlebnisse in meinem Leben, wo ich von einem neuen Anfang sprechen kann?

- Habe ich mein inneres Kind in der Tiefe meiner Seele schon entdecken dürfen? Wie gehe ich mit meinem inneren Kind um? Verdränge ich es in mir oder lasse ich es leben?

Nehmen Sie in Gedanken das göttliche Kind in ihre Arme! Lassen Sie sich von ihm anblicken! Im Anschauen seines Bildes werden wir verwandelt.

Gebet

Gütiger Gott, du liebst uns zuerst, ohne Bedingungen, ganz umsonst. Du hast dich uns geschenkt in deinem geliebten Sohn. Er ist Mensch geworden, uns gleich, als wir noch Sünder waren. In grenzenloser Hingabe schenkst du dich uns als Kind, damit auch wir Kinder Gottes werden, für immer dir gehören und Heimat finden bei dir. Danke, dass du uns Maria zur Mutter gegeben hast, damit wir mit ihr das Licht der Welt in demütiger Liebe empfangen und zu den Menschen tragen. Hilf uns, dass Du die Mitte, den ersten Platz in unseren Herzen einnimmst und wir Dir nichts vorziehen, damit auch wir, durchwirkt von deinem Licht, für andere Licht und wegweisend werden. Amen.

Die Kinderseele

„Für so viele Leute ist christliches Leben gleichbedeutend mit Anstrengung, Gespanntheit, Bemühung, Leistung, Rekorde. Aber das christliche Beten ist viel weniger greifbar, sichtbar, äußerlich: es ist in der Tiefe des Wesens etwas Feines, Zartes, Reines, Gelöstes, eine Bewegung der Seele, ein Zustimmen unserer inneren Freiheit.

Tiefer, ganz tief unter unserem religiösen Tun, unserem spürbaren inneren Erleben, unseren heftigen Sehnsüchten, unseren engbrüstigen Ansprüchen ist in uns ein Raum der Frische, der Unschuld, der Jungfräulichkeit. Härten, Ängste, Bosheiten, Schmutz des äußeren Lebens können ihn nicht erreichen, nicht beflecken, nicht anstecken. Dort lebt unsere Kinderseele, jung, frisch, rein, unverbraucht, unverletzt. Aber bei fast allen Menschen lebt dieses „kleine Mädchen" eingesperrt.

Christsein heißt zunächst, das gefangene Kind befreien, es ins Licht führen, seine Fesseln lösen. Und siehe, es atmet, es singt ein helles, klares Lied."[14]

5. Das Erlösungsgeschehen – Verklärung Christi

Wüste und gelobtes Land, Leid und Befreiung, Kreuz und Auferstehung gehören zusammen. Man kann die Auferstehung nicht vom Kreuz, den auferstandenen Herrn nicht vom Gekreuzigten trennen. Die ganze Heilige Schrift ist auf dieses Geheimnis von Tod und Auferstehung hingeordnet. Auch unser eigenes Leben ist zuinnerst davon geprägt. Es hat immer etwas zu tun mit Kreuz und Auferstehung, mit Mühsal und Wandlung, mit Gefangenschaft und Befreiung, Kreisen um sein eigenes Ich und Öffnung zum Du. Der Weg der Erlösung und Wandlung geht über Leid und Kreuz, Tod und Trauer. So ist das österliche Geschehen die vierte zentrale Quelle unseres Betens.

Die Perikope von der Verklärung Christi (Matthäus 17,1-9; Markus 9,2-10; Lukas 9,28-36) zeigt diesen Weg der Wandlung, der Erlösung.

1 Sechs Tage danach nahm Jesus Petrus, Jakobus und dessen Bruder Johannes beiseite und führte sie auf einen hohen Berg.

2 Und er wurde vor ihren Augen verwandelt;
sein Gesicht leuchtete wie die Sonne,
und seine Kleider wurden blendend weiß wie das Licht.

3 Da erschienen plötzlich vor ihren Augen Mose und Elija und redeten mit Jesus.

4 Und Petrus sagte zu ihm: Herr, es ist gut, dass wir hier sind. Wenn du willst, werde ich hier drei Hütten bauen, eine für dich, eine für Mose und eine für Elija.

5 Noch während er redete, warf eine leuchtende Wolke ihren Schatten auf sie, und aus der Wolke rief eine Stimme: Das ist mein geliebter Sohn, an dem ich Gefallen gefunden habe; auf ihn sollt ihr hören.

6 Als die Jünger das hörten, bekamen sie große Angst und warfen sich mit dem Gesicht zu Boden.

7 Da trat Jesus zu ihnen, fasste sie an und sagte:
Steht auf, habt keine Angst!

8 Und als sie aufblickten, sahen sie nur noch Jesus.

9 Während sie den Berg hinabstiegen, gebot ihnen Jesus: Erzählt niemand von dem, was ihr gesehen habt, bis der Menschensohn von den Toten auferstanden ist.

Sechs Tage danach nahm Jesus Petrus, Jakobus und dessen Bruder Johannes beiseite und führte sie auf einen hohen Berg. (Vers 1)

Sechs Tage danach – nach dem Messiasbekenntnis des Petrus und der ersten Leidensankündigung – steigt Jesus auf einen hohen Berg. Er wählte drei seiner Jünger aus. Warum er gerade diese drei erwählt, ist Geheimnis, das Geheimnis der konkreten Erwählung. Sie stehen stellvertretend für die Gemeinschaft der Kirche. Unter den dreien ist sogar Petrus, den er erst kurz zuvor, da ihn dieser von seinem Leidensweg abhalten wollte, schroff zurechtgewiesen hatte: „Weg mit dir, Satan, geh mir aus den Augen!" (Matthäus 16,23) Jesus nimmt ihn trotz seiner Verfehlung auf den Berg mit, er gibt ihm eine Chance.

Jesus lädt die drei Jünger ein, mit ihm allein auf einen Berg zu steigen und die Mühe des Aufstiegs auf sich zu nehmen. Es wird vermutet, dass es der Berg Tabor, der höchste Berg Galiläas, war, der sehr schwierig zu besteigen ist. Jesus selber ist der Bergführer. Er ist an ihrer Seite und geht ihnen auf dem steilen und schwierigen Weg voran. Auch das geistliche Leben ist oft schwer und anstrengend wie ein steiler Bergpfad. Das ist die Realität. Aber am Ende des Weges steht die Weite des Ausblicks, die Freude der Gottesbegegnung.

Ein hoher Berg ist in der Schrift oft ein Ort der Theophanie, ein Ort der Gottesoffenbarung. Für den Evangelisten Matthäus sind die Berge Galiläas bevorzugte Orte für die frohmachende Botschaft, für die Verkündigung Jesu. Erinnert sei an die Bergpredigt. Außerdem wird bei Matthäus das ganze Leben Jesu durch zwei auf einem Berg stattfindende Szenen umrahmt: Am Anfang steht der Berg der Versuchung, der Berg der teuflischen, widergöttlichen Macht. Jesus siegt, und der Widersacher muss weichen. Nach Tod und Auferstehung Jesu weist Jesus seine Jünger, nach Galiläa zu gehen, auf den Berg, den er ihnen genannt hatte (vgl. Matthäus 28,16).

Und er wurde vor ihren Augen verwandelt; sein Gesicht leuchtete wie die Sonne, und seine Kleider wurden blendend weiß wie das Licht. (Vers 2)

Die Jünger sehen plötzlich ihren Meister, wie er wirklich ist. Das ganze Licht, das im Herzen Jesu verborgen ist, strahlt durch seinen Leib hindurch. Sie sehen ihn im Glanz seiner göttlichen Herrlichkeit. Die Wucht der Lichtherrlichkeit (hebr. kabod; griech. doxa) ist aus ihm herausgebrochen. Er erscheint in seiner eigentlichen Seinsweise.

Da erschienen plötzlich vor ihren Augen Mose und Elija und redeten mit Jesus. (Vers 3)

Auf einmal erscheinen auch Mose und Elija. Sie sind die Zeugen des Alten Bundes. Mose steht für die Weisungen Gottes, für das Gesetz, das am Sinai dem Volk gegeben wurde. Elija repräsentiert die Propheten, die von Gott her in die Wirklichkeit der konkreten Situation des Volkes hinein gesprochen haben. Jesus redet nun mit Mose und Elija, er tritt mit ihnen in Beziehung, er spannt in seiner Person den Bogen vom Alten Bund bis zu seiner Wiederkunft.

Und Petrus sagte zu ihm: Herr, es ist gut, dass wir hier sind. Wenn du willst, werde ich hier drei Hütten bauen, eine für dich, eine für Mose und eine für Elija. (Vers 4)

Die Jünger staunen und sind ganz fasziniert von der Person Jesu. Petrus fasst seine Freude in Worte: Wir wollen Hütten bauen, wir wollen hier bleiben, dann sind wir glücklich.

Noch während er redete, warf eine leuchtende Wolke ihren Schatten auf sie, und aus der Wolke rief eine Stimme: Das ist mein geliebter Sohn, an dem ich Gefallen gefunden habe; auf ihn sollt ihr hören (Vers 5)

Gott nimmt die Pläne des Petrus an, aber zugleich zeigt er den Saum seiner Herrlichkeit. Eine Lichtwolke, lateinisch „nubes lucida", eine vom Licht erfüllte Wolke, wirft ihren Schatten auf die Jünger und eine Stimme ertönt: Das ist mein geliebter Sohn, auf ihn sollt ihr hören und nicht auf eure Wünsche, auf eure Vorstellungen, auf eure Ideen. Mit ihm sollt ihr in Beziehung treten, auf ihn hin sollt ihr ausgerichtet sein.

Als die Jünger das hörten, bekamen sie große Angst und warfen sich mit dem Gesicht zu Boden. (Vers 6)

Die Jünger sind tief erschüttert, große Furcht überfällt sie. Sie werfen sich zu Boden und können ihr Angesicht nicht erheben. Zu groß ist der Glanz, zu groß die Wucht der Nähe Gottes. Sie erfahren ihre eigene Ohnmacht. Das ist keine trotzige Ohnmacht, die sich aufbäumt, rebelliert, sich verweigert, keine resignative Ohnmacht, sondern eine lebendige Ohnmacht, die sich der Wahrheit der eigenen Schwäche und Kleinheit stellt und sie annimmt. In dieses innere Erfahren wird der ganze Leib mit hinein genommen.

Da trat Jesus zu ihnen, fasste sie an und sagte: Steht auf, habt keine Angst! (Vers 7)

Das Wort Jesu gibt ihnen Kraft in diesem heilsamen Schrecken. Er berührt sie, richtet sie auf und tröstet sie.

Und als sie aufblickten, sahen sie nur noch Jesus. (Vers 8)

Sie sehen nun wieder den Menschen Jesus, den Zimmermann in seiner – unansehnlichen – Gestalt. Nichts mehr von diesem göttlichen Glanz war an ihm.

Während sie den Berg hinabstiegen, gebot ihnen Jesus: Erzählt niemand von dem, was ihr gesehen habt, bis der Menschensohn von den Toten auferstanden ist. (Vers 9)

Jesus verbietet den Jüngern, über ihre Erfahrung zu sprechen. Sie hätten es aber vermutlich auch nicht gekonnt. Welche Worte hätten diese unsagbare Erfahrung auszudrücken vermocht? Erst nach dem Durchgang durch das Kreuz, erst im Annehmen des Leidens und Sterbens, kann der Geist Gottes die Auferstehungskraft bewirken. Denn nur aus der Kraft des Heiligen Geistes können die Jünger von Jesu Taten erzählen und seine Botschaft glaubwürdig bezeugen.

Für Jesus war die Verklärung auf dem Berg die Vorbereitung auf sein Leiden und Sterben. Er weiß, dass er im Willen und in der Liebe des Vaters steht. Von ihm bestätigt, kann er im Vertrauen seinen schweren Weg gehen. Mit dem mühevollen Abstieg beginnt seine Reise nach Jerusalem.

Jesus hat diese drei Jünger auf den Berg mitgenommen, um aufzuzeigen, dass vor Ostern seine Herrlichkeit verborgen und nur wenigen zugänglich, nach Ostern durch die Ausgießung des Geistes aber jedem, der sich von Christus anziehen lässt, offen ist. Wir leben bereits nach Ostern. Wir haben die Fülle der Auferstehung von Christus erlebt, so dass das Tabor-Geschehen nochmals überboten wird von der Herrlichkeit des Auferstandenen.

Zur Besinnung

Betrachten Sie langsam den Text über die Verklärung und beschäftigen Sie sich mit folgenden Fragen:

- Können Sie sich als bevorzugten, auserwählten Jünger Christi ansehen, den er auf den Berg Tabor führen will?

- Welche sogenannten „Tabor-Erlebnisse" kennen Sie aus ihrem Leben? Wie haben Sie sich verhalten, wie haben Sie reagiert?

- Der Aufstieg zum Berg Tabor ist mühsam und anstrengend. Welche Bereiche, welche Situationen empfinden sie momentan als mühsam und schwer?

- Wie der Vater Jesus als seinen geliebten Sohn bestätigt hat, so bestätigt er auch jedem von uns: Du bist mein geliebtes Kind. Du bist mein Eigentum. Kann und will ich das annehmen? Welche Konsequenzen hat das für mein Leben? Für meine leidvollen Stunden?

- Können Sie im Hinblick auf den Text über die Verklärung Ihre Situation anders einordnen? Wie?

Gebet

Allmächtiger Gott, du hast auf dem Berg Tabor in Jesus Christus deine verborgene Herrlichkeit im vollen Lichtglanz aufstrahlen lassen und ihn als deinen geliebten Sohn vor den Zeugen des Alten Bundes und der Jünger bestätigt. Durch die Verklärung Jesu zeigst du uns, was wir als deine Kinder erhoffen dürfen und wie unsagbar schön deine Herrlichkeit in jedem von uns erstrahlen wird. Hilf uns, auf das Wort Jesu zu hören, und gib uns die Kraft, ihm in Treue zu folgen. Schenke uns die Gnade, immer bewusster in deiner Gegenwart zu leben und dich vor den Menschen zu bezeugen zum Lob deiner Herrlichkeit. Amen.

II.
Das Leben beten

1. Gott liebt zuerst – Die Spur Gottes
im eigenen Leben entdecken: Ezechiel 16

Gott offenbart sich uns auf vielfältigste Weise. Er will uns in der Schöpfung und in seinem Wort, im Geheimnis seiner Menschwerdung und im Erlösungsgeschehen begegnen. Er lädt uns ein, die göttlichen Wahrheiten im Gebet zu erkennen und in unserem Leben wirksam werden zu lassen. Aber Gott spricht zu jedem von uns auch ganz persönlich durch die Erlebnisse und Begebenheiten unseres Lebens. Er wendet sich uns zu und möchte uns nahe kommen. Ja, unsere ganze Lebensgeschichte ist gleichsam eine Liebesgeschichte Gottes mit uns, die es je neu zu entdecken gilt. Im Alten Bund gibt es drei Worte, die in besonderer Weise – einander ergänzend und erhellend – diese Zuwendung Gottes zu seinem Volk, zu jedem Menschen veranschaulichen.[15]

Der erste Begriff, *chanan*, steht für die sich von oben herabneigende Liebe Gottes. Dieses Wort meint ursprünglich die tätige Hinwendung zu den Armen und Niedrigen: Gott ist jener, der liebevoll und spontan auf die jeweilige Not eingeht. Gottes Gnade ist nicht distanziert, sondern steigt hinab in das Elend und wird in konkreten Hilfstaten erfahrbar: „Ich bin doch da für euch" (Exodus 3,14). „Ich gewähre Gnade, wem ich will, und ich schenke Erbarmen, wem ich will" (Exodus 33,19). Seine

Liebe ist wie eine – im Bild gesprochen – von oben segnende Hand (hebräisch: *yad*). Wie der Horizont am Himmel, so ist Gottes Hand segnend über mir. Sie verleiht mir Würde, Ansehen, Schönheit und Anmut *(chen)*.

> *Chanan (hebräisch) – charis (griechisch) – gratia (lateinisch):* gnädig sein, sich herabneigen, beugen liebevolles, spontanes Eingehen auf die Not verleiht Ansehen, Anmut, Schönheit und Wert *(chen)*
>
> ➜   die von oben segnende Hand Gottes *(yad)*

Der zweite Ausdruck, *chesed*, deutet die göttliche Liebe als eine, die den Menschen auf allen Wegen begleitet. Er meint huldvolles Gnädigsein und überreiche Güte, und zwar in der Form des Bundes. Gottes Huld ist verlässlich, er handelt bundestreu. Gott hat sich für sein Volk entschieden: „Ich nehme euch als mein Volk an und werde euer Gott sein" (Exodus 6,7). „Ich traue dich mir an auf ewig um den Brautpreis von Gerechtigkeit und Recht, von Liebe und Erbarmen" (Hosea 2,21). Er ist der Gott, der den Bund bedingungslos hält, der alle Wege mitgeht, er ist der Gott-mit-uns: Immanuel.

> *Chesed – charis / éleos – gratia:* überreiche Güte und Huld, verlässliche Huld, Bundestreue
>
> ➜   die mitgehende, begleitende Hand Gottes *(Immanuel)*

Im dritten Bild, *rachamim*, wird die Zuwendung Gottes schließlich als eine von unten tragende und bergende Hand gedeutet. Die „rachamim" Gottes (von „rechem": „Mutterschoß") ist wie die Liebe der Mutter ein einfühlendes, liebevolles Erbarmen, eine tätige, versöhnende Liebe: „Kann denn eine Frau ihr Kindlein vergessen, eine Mutter ihren leiblichen Sohn? Und selbst wenn sie ihn vergessen würde: ich vergesse dich nicht" (Jesaja 49,15). „Mit menschlichen Fesseln zog ich sie an mich, mit den Ketten der Liebe. Ich war für sie da wie die Eltern, die den Säugling an ihre Wangen heben" (Hosea 11,4). Gottes Liebe umfängt den Menschen in seinem Elend. Er gibt sein Herz den Armen (miseri-cor-dare). Seine heimatgebende, schutzverleihende Hand *(hebr. kaf)*, sein Erbarmen ist tiefer als jede auch noch so große Sünde, tiefer als jeder noch so bodenlos scheinende Abgrund.

Rachamim – misericordia:
mütterlich einfühlendes, liebevolles Erbarmen, tätige, versöhnende Liebe
➜ die von unten tragende, bergende Hand Gottes *(kaf)*

Diese dreifache Zuwendung Gottes wird im Gleichnisbild des Propheten Ezechiel in Kapitel 16 anschaulich dargestellt. Dieser Text ist gleichsam eine bildhafte Ausfaltung des alttestamentlichen Credos (Deuteronomium 6,21-23; 26,5-9), in dem die Erwählung Israels durch Jahwe und seine Befreiung aus dem Sklavenhaus Ägyptens bekannt und besungen werden. In einem dreifachen Vorübergang wird die innige Hinneigung Gottes zu seinem Volk als eine von oben segnende, durch die Zeiten begleitende und von unten bergende Liebe geschildert.

Der Prophet Ezechiel („Gott macht stark") wurde im Jahre 597 v. Chr. in das Exil nach Babel verschleppt. Er war als Priestersohn zusammen mit den anderen Vornehmen und Handwerkern unter den ersten, die deportiert wurden. Dort wohnte er zusammen mit seinen Landsleuten in Tel-Abib am Fluss Kebar. 593 v. Chr. wird er von Gott zum Propheten berufen. Die Herrlichkeit Gottes kommt über ihn – mitten in eine hoffnungslose, menschlich völlig aussichtslose Situation. Was in der Exilssituation dem an Gott zweifelnden Volk zugesprochen wird, das sagt der Prophet heute auch uns: Ihr seid geliebt. So wie Jahwe sich Israels in einem dreifachen Vorübergang erbarmt hat, so erbarmt er sich eurer.

Erster Vorübergang: Gott neigt sich herab (chanan)

3 So spricht Gott, der Herr, zu Jerusalem: Deiner Herkunft und deiner Geburt nach stammst du aus dem Land der Kanaaniter. Dein Vater war ein Amoriter, deine Mutter eine Hetiterin.

4 Bei deiner Geburt, als du geboren wurdest, hat man deine Nabelschnur nicht abgeschnitten. Man hat dich nicht mit Wasser abgewaschen, nicht mit Salz eingerieben, nicht in Windeln gewickelt.

5 Nichts von all dem hat man getan, kein Auge zeigte dir Mitleid, niemand übte Schonung an dir, sondern am Tag deiner Geburt hat man dich auf freiem Feld ausgesetzt, weil man dich verabscheute.

6 Da kam ich an dir vorüber und sah dich in deinem Blut zappeln; und ich sagte zu dir, als du blutverschmiert dalagst: Bleib am Leben!

7 Wie eine Blume auf der Wiese ließ ich dich wachsen. Und du bist herangewachsen, bist groß geworden und herrlich aufgeblüht.

Ezechiel 16,3-7a

Gott liebt zuerst. Seine Liebe prägt den Menschen. Der Mensch ist aus sich selber nichts. Er ist aus sich kein

Gerechter, kein Gottesfürchtiger, kein Geheiligter. Selbst Abraham, der Stammvater Israels, gehört seiner Abstammung nach wie alle Menschen in den Bereich des alten Adam, der dem Fluch verfallen ist (vgl. Genesis 3,14.17; 5,29). Die Herkunft aus Abraham ist kein Grund, dass das Volk sich rühmen könnte. Aber auch auf die Stadt Jerusalem kann Israel nicht stolz sein. Nichts Rühmliches hat sie an sich. Von kanaanitischen Völkern, den Amoritern und Hethitern, gegründet, ist sie ein heidnischer, illegitimer Mischling, den von den Bewohnern Kanaans niemand wollte.

Und so spricht Gott zu seinem Volk: Du warst nicht gewollt, du warst unerwünscht. Man hat dich verachtet, dich ausgesetzt und weggeworfen. Du warst für deine Umwelt Müll, unwert zu leben, verabscheut und ausgestoßen. Man hat dich dem Verderben ausgeliefert. Das ist der Anfang aus dir selber. Du hattest aus dir selber keinen Ruhm, kein Ansehen und keine Zukunftschance. Man hätte dich umkommen lassen. Du warst ganz unerwünscht unter den übrigen Völkern. Aber ich habe dich gesehen. Ich bin an dir vorübergegangen und habe dich erwählt.

Gott ergreift die Initiative und handelt: Er geht vorüber, sieht das Findelkind, das auf freiem Feld dem Tod preisgegeben ist, und sagt zu ihm: Bleib am Leben! Gott kommt in dieses äußerste Elend, in diese Gebrochenheit und Armut. Er neigt sich dem Verachteten und Weggeworfenen zu und setzt einen neuen Anfang. Er berührt den Menschen mit seinem liebenden Blick und sagt das lösende, heilende Wort: Du sollst leben. Und sofort bewirkt das Wort Gottes, was es sagt: Das Findelkind lebt auf, wird lebensfähig. Es wächst heran, wird schön und groß. Es ist Mensch geworden.

Zweiter Vorübergang: Gott geht mit (chesed)

7 Wie eine Blume auf der Wiese ließ ich dich wachsen. Und du bist herangewachsen … . Doch du warst nackt und bloß.

8 Da kam ich an dir vorüber und sah dich, und siehe, deine Zeit war gekommen, die Zeit der Liebe. Ich breitete meinen Mantel über dich und bedeckte deine Nacktheit. Ich leistete dir den Eid und ging mit dir einen Bund ein … und du wurdest mein.

9 Dann habe ich dich gebadet, dein Blut von dir abgewaschen und dich mit Öl gesalbt.

10 Ich kleidete dich in bunte Gewänder, zog dir Schuhe aus Tahasch-Leder an und hüllte dich in Leinen und kostbare Gewänder.

11 Ich legte dir prächtigen Schmuck an, legte dir Spangen an die Arme und eine Kette um den Hals.

12 Deine Nase schmückte ich mit einem Reif, Ohrringe hängte ich dir an die Ohren und setzte dir eine herrliche Krone auf.

13 Mit Gold und Silber konntest du dich schmücken, in Byssus, Seide und bunte Gewebe dich kleiden. Feinmehl, Honig und Öl war deine Nahrung. So wurdest du strahlend schön und wurdest sogar Königin.

14 Der Ruf deiner Schönheit drang zu allen Völkern; denn mein Schmuck, den ich dir anlegte, hatte deine Schönheit vollkommen gemacht – Spruch Gottes, des Herrn.

Ezechiel 16,7-14

Durch den ersten Vorübergang des Herrn wächst das Findelkind heran, es wird groß und schön, aber es ist noch *nackt und bloß* (Vers 7). Das heißt, es ist ein Mensch, der ganz von Gott gewollt und bejaht, aber noch nicht fähig ist, Begegnungen zu schaffen und Liebe zu schenken. Aus sich selbst kann es sich nicht bedingungslos verschenken. Gott weiß jedoch um die Nacktheit und Blöße. Er kommt ein zweites Mal vorüber, um auch diesen Mangel auszufüllen. Er geht eine Beziehung mit dem Menschen ein, damit er hingabefähig wird. Er schenkt ihm seine Zuwendung in einer maßlosen, überströmenden Weise und macht ihn dadurch anziehend und schön, fähig zu lieben. Vielfältig neigt er sich ihm zu und kümmert sich um ihn. Wie geschieht das?

Gott breitet seinen *Mantel* der Liebe aus und umgibt damit den nackten Menschen, der unfähig ist, Liebe bewusst zu empfangen und zu geben, mit seiner Hingabe. Er hüllt ihn in etwas ein, das von ihm selbst ist. Mit seinem Mantel gibt er ihm teil an seiner göttlichen Liebe und schenkt ihm darin Geborgenheit, Schutz und Zuwendung. Danach schließt er einen Bund mit dem Volk: *„Ich ging einen Bund mit dir ein".* Der unfassbar große Gott erwählt das kleine Menschlein und geht mit ihm einen Lebensbund ein. Das ehemalige Findelkind wird zum Partner, zum Freund, zum Geliebten. Das Verletzte, Verabscheute, das in den Augen der Menschen Unwerte ist für Gott so kostbar, dass er sagt: Du bist mein.

Weiter heißt es: *„Dann habe ich dich gebadet, dein Blut von dir abgewaschen und dich mit Öl gesalbt."* Sobald sich der Mensch unter die Liebe Gottes stellt und Gottes Eigentum wird, dringt das göttliche Licht tiefer in das Menschenherz ein und berührt seine unbewussten Schichten. Weitere, bisher verborgen gewesene Verwundungen werden nun sichtbar. Wurden beim ersten Vorübergang des Herrn die offensichtlichen Verletzungen geheilt, werden jetzt die noch nicht erkannten Wunden in den Tiefen des Herzens aufgedeckt. Wurde beim ersten Vorübergang all das gut, was das Findelkind nicht Mensch werden ließ, so wird jetzt das geheilt, was ihn liebesunfähig gemacht hat. Er wird gebadet – das ist gleichsam ein Vorausbild für die Taufe –, seine Wunden werden gereinigt und mit Öl, dem Zeichen der Stärkung und Kräftigung, gesalbt. Das ehemalige Findelkind erstrahlt in neuer Schönheit und Anmut, seine Wunden erscheinen durch die Salbung wie verklärt. Der Mensch ist jetzt fähig, die Antwort der Liebe zu geben.

Nachdem Gott den Menschen in seinen Liebesbund gerufen und im Bad gereinigt hat, beginnt er, ihn überreich zu beschenken, ihn regelrecht wie eine Braut auszustatten. Er rüstet ihn mit einer Überfülle an Gaben aus, damit dieser die Antwort der Liebe geben kann. Alles, was in der damaligen Welt lebenswichtig, aber auch schön und kostbar war, schenkt er seinem Geschöpf. Als erstes hüllt er den aus dem Bad neu erstandenen Menschen in Gewänder: *„Ich kleidete dich in bunte Gewänder".* (Vers 10) Er gibt der Braut nicht nur ein Kleid oder ein zweites zum Wechseln, sondern in einer ungeheuren Großzügigkeit eine Fülle an Kleidern. Dann zieht er ihr die besten Schuhe an, *Schuhe aus Tahasch-Leder.* Sie sind ein Zeichen der Sohnschaft und befähigen den Menschen, den langen Weg mit seinem Gott zu gehen. Daraufhin legt er der Braut *reichen Schmuck* an. Alle Sinne und Glieder, die *Ohren*, die *Nase, Hals* und *Arme*, werden geschmückt. Alles am Menschen ist würdig, mit Kostbarkeiten ausgestattet und in die Liebe Gottes einbezogen zu werden. Die menschlichen Sinne werden bewusst von der Zuwendung Gottes betroffen. Er macht uns schön und richtet uns auf sich hin aus. Er macht uns in der Liebe keusch – das heißt fähig, sich in absichtsloser Liebe zu verschenken, seine Sinne für Gott zu bewahren und von ihm her zu gebrauchen. Schließlich wird die Braut gekrönt – als Abschluss und Ausdruck der Vollkommenheit der Beschenkung: *„Ich setzte dir eine herrliche Krone auf"* (Vers 21). Sie ist das Zeichen der Herrschaft, der Entscheidungsfähigkeit, ein Zeichen der Freiheit.

Damit ist der zweite Vorübergang vollendet. Gott hat sein Werk getan, er schaut seine Braut an und freut sich an ihr: *„So wurdest du strahlend schön und wurdest sogar Königin."* Die Geschenke Gottes sind nicht nur ein äußerlicher Schmuck, sondern verwandeln den Menschen in seinem tiefsten Wesen: die Braut wird „Königin". Der Ausdruck „Königin" bezeichnet den Superlativ für den freien, liebesfähigen Menschen. Das ehemalige Findelkind ist durch die Liebe Gottes aufgeblüht und fähig geworden, selbst zu lieben und zu schenken. Es kann die Antwort der Liebe geben. Die Anmut des bräutlichen Menschen, der von der Huld Gottes durchdrungen und umgeben ist, strahlt über die Grenzen hinweg in alle Welt: *„Der Ruf deiner Schönheit drang zu allen Völkern."* Der von Gott geheilte und mit einer Fülle an Gaben ausgestattete Mensch ist Zeichen des Segens, Zeichen der Liebe – für die Welt. Doch dies bleibt nicht, es kommt ganz anders.

Verweigerung der großen Liebe

15 Doch dann hast du dich auf deine Schönheit verlassen, du hast deinen Ruhm missbraucht und dich zur Dirne gemacht. Jedem, der vorbeiging, hast du dich angeboten, jedem bist du zu Willen gewesen.

16 Du hast deine bunten Gewänder genommen und dir an den Kulthöhen ein Lager bereitet und darauf Unzucht getrieben.

¹⁷ Deinen prächtigen Schmuck aus meinem Gold und Silber, den ich dir geschenkt hatte, hast du genommen und hast dir daraus männliche Figuren gemacht, um mit ihnen Unzucht zu treiben.

¹⁸ Deine bunten Gewänder hast du genommen und sie damit bekleidet. Mein Öl und meinen Weihrauch hast du vor sie hingestellt.

¹⁹ Das Brot, das ich dir gab – mit Feinmehl, Öl und Honig nährte ich dich –, das hast du ihnen als beruhigenden Duft dargebracht [ja, so war es] – Spruch Gottes, des Herrn.

²⁰ Du hast deine Söhne und Töchter, die du mir geboren hast, genommen und ihnen als Schlachtopfer zum Essen vorgesetzt. War dir dein unzüchtiges Treiben noch nicht genug?...

²² Bei all deinen Gräueltaten und deiner Unzucht hast du die Zeit deiner Jugend vergessen, in der du noch nackt und bloß und zappelnd in deinem Blut lagst.

Ezechiel 16,15-22

Das Volk Israel war unter König Salomo zum Glanz unter den Völkern geworden. Israel war für seine Kunst und seinen Kult, für seine Bauten und für den neu errichteten Tempel, Salomo für seine Weisheit und Erkenntnis berühmt (vgl. 1 Könige 3-9). Am Höhepunkt der Prachtentfaltung schleicht sich jedoch der Abfall ein – verborgen, nicht offensichtlich. König Salomo gestattet seinen ausländischen Nebenfrauen, ihre Götter zu verehren, ja, er lässt für sie sogar Tempel errichten (vgl. 1 Könige 11). Damit haben die alten Fruchtbarkeitskulte wieder Eingang gefunden. Der Rückfall nimmt seinen Lauf: Jahwe tritt immer mehr zurück, die alten Baalskulte nehmen langsam überhand. Damit ist Israel, das sich ganz auf Gott gegründet hat, in sich nicht mehr stabil. Unter dem Sohn Salomos, Jerobeam, zerbricht das Reich in zwei Teile (931 v. Chr.; vgl. 1 Könige 12,1-19): in ein Nordreich (Israel) und in ein Südreich (Juda). Eine lange Geschichte interner Auseinandersetzungen hat begonnen, die mit der endgültigen Zerschlagung ihr bitteres Ende nimmt: Das Nordreich wird 722 v. Chr. von den Assyrern (vgl. 2 Könige 17), das Südreich 586 v. Chr. von den Babyloniern erobert. Jerusalem wird zerstört (vgl. 2 Könige 25,8-26), das Volk deportiert (586-538 v. Chr.: Babylonisches Exil).

In Ezechiel 16 klagt nun Gott über den Abfall des Hauses Israel, er klagt über die verweigerte Liebe seines Volkes. Gott selbst leidet wegen seiner Braut, die sich ihm verweigert und anderen Götzen nachläuft und sich dadurch selbst ins Verderben stürzt. Das Findelkind, das er auf freiem Feld aufgelesen hat, in seiner Hand heranwachsen ließ und reich beschenkt hat, wagt nicht das Ja der Hingabe zu sprechen und wendet sich ab von ihm. Die Braut Israel fällt wieder in die alten Verhaltensmuster zurück. Sie hängt sich an fremde Götter und sucht Ersatzbefriedigungen. Sie verschleudert die Gaben, die sie von Gott geschenkt bekommen hat: das Feinmehl, die Kleider, den Schmuck, alles opfert sie den Götzen. Sogar die Krone, das Zeichen ihrer Freiheit, wirft sie ihnen vor die Füße. Sie geht eine neue Versklavung ein, in der sie bis in den Kern ihrer Persönlichkeit zerrissen wird. Sie ist nicht mehr die fürstliche Braut, sondern verunstaltet, zum Unmenschen degradiert. Sie blutet an den Folgen ihrer Sünde, ist wieder ausgesetzt, gebrochen und verachtet. Als Findling war sie ein Opfer der Umwelt, jetzt aber hat sie sich ihres göttlichen Schmuckes und ihrer königlichen Würde selber beraubt. Mitten in dieser sündigen, ausweglosen Situation geschieht aber das Unbegreifliche: Gott erträgt es in seiner Liebe nicht, dass wir uns Leid zufügen. Er kommt ein drittes Mal vorüber.

Dritter Vorübergang: Gott erbarmt sich (rachamim)

[59] Denn so spricht Gott, der Herr: Ich habe mit dir gemacht, was du gemacht hast; du hast den Eid missachtet und den Bund gebrochen.

[60] Aber ich will meines Bundes gedenken, den ich mit dir in deiner Jugend geschlossen habe, und will einen ewigen Bund mit dir eingehen.

[61] Du sollst dich an dein Verhalten erinnern und dich schämen, wenn ich deine älteren und jüngeren Schwestern nehme und sie dir zu Töchtern gebe, aber nicht deshalb, weil du den Bund gehalten hättest.

[62] Ich selbst gehe einen Bund mit dir ein, damit du erkennst, dass ich der Herr bin.

[63] Dann sollst du dich erinnern, sollst dich schämen und vor Scham nicht mehr wagen, den Mund zu öffnen, weil ich dir alles vergebe, was du getan hast – Spruch Gottes, des Herrn.

Ezechiel 16,59-63

Der dritte Vorübergang – er ist zwar im Text so nicht ausgesprochen, lässt sich aber erahnen – offenbart die Liebe Gottes als völlig ungeschuldete Zuwendung und bergende Nähe. In erbarmender Liebe neigt er sich dem Menschen zu, der im Morast liegt. Er steigt in den Sumpf der Sünde, in die Abgründe des menschlichen Herzens hinunter und sucht das Verlorene. Er beugt sich hinab zu der treulosen, selbstzerstörerischen Braut, die ihren Gott verachtet, und sagt zu ihr: Ich bin dir treu. Ich liebe dich trotzdem. „Ich will meines Bundes gedenken, den ich mit dir in deiner Jugend geschlossen habe, und will einen ewigen Bund mit dir eingehen." (Vers 60) War beim zweiten Vorübergang nur von einem „Bund" die Rede, verheißt Gott jetzt, inmitten der Treulosigkeit und Abkehr, einen *ewigen Bund*. Trotz des Bundesbruches – und er deckt schonungslos die Wahrheit auf: Du bist schlimmer als Sodom und Gomorra (vgl. Ezechiel 16,47) – steht Gott zu seiner Braut und will mit ihr einen neuen Anfang wagen, *„damit du erkennst, dass ich der Herr bin"* (Vers 62), und das heißt, damit du dich auf ihn, deinen Herrn, ganz einlässt, dich ihm ganz hingibst.

In diesem dritten Vorübergang schafft Gott in seiner erbarmenden Liebe aus selbstverschuldeten Trümmern neues Leben. Mitten im Versagen und Scheitern setzt er einen *neuen Anfang.* Bedingungslos wendet er sich der schuldig gewordenen Braut erneut zu: Ich will einen Bund mit dir eingehen, *denn ich habe dir alles vergeben, was du getan hast* (vgl. Vers 62f.). In einer wunderbaren Weise ist dieses Wort Gottes Wirklichkeit geworden in der Jungfrau Maria. Gott hat aus der zerstörten Braut Israel einen Menschen bereitet, der ganz rein und makellos, ganz offen ist, um dem Allmächtigen in sich uneingeschränkt Raum geben zu können. Maria hat sich dem Anspruch Gottes geöffnet. Sie hat die unbegreifliche und menschlich unfassbare Herausforderung angenommen und ihr Ja-Wort gegeben: „Mir geschehe, wie du es gesagt hast" (Lukas 1,38). So ist das größte aller Wunder geschehen: das Wort des Vaters ist Fleisch geworden in Maria.

Zur Besinnung

Stellen Sie Ihre Lebensgeschichte unter das Wort Gottes, das uns in Ezechiel 16 überliefert ist! Nehmen Sie die folgenden Fragen zu Hilfe!

Die *erste* Liebe Gottes ist ein heilender Vorübergang: Er blickt mich an, er erbarmt sich meiner in meinem Elend und spricht zu mir sein Wort: Du bist geliebt. Du bist gewollt. Es ist gut, dass Du bist.

- Kann ich mich an eine Erfahrung erinnern, wo mich seine liebende Hand aus meinem Elend befreit hat?

- Kann ich ja zu mir sagen? Kann und möchte ich mich als Geschöpf Gottes annehmen, so wie ich bin? Bejahe ich meine Grenzen? Was hindert mich daran?

- Nehme ich meine Heilungsbedürftigkeit wahr?

- Was möchte ich der heilenden Liebe des Herrn hinhalten? Welche Verletzungen, Enttäuschungen, Wunden, schmerzlichen Erinnerungen?

- Kann ich danken für den Anfang meines Lebens? Wenn nicht, bin ich bereit, mir von Gottes schöpferischer Liebe einen „heilen Anfang" schenken zu lassen?

Beim *zweiten Vorübergang* erweist sich der Herr als treuer Wegbegleiter. Er geht einen Bund mit mir ein. Er schenkt mir seine Zuwendung und Gnade in Fülle, um mich zu einem liebesfähigen, freien und königlichen Menschen zu machen.

- Gibt es Ereignisse in meiner Lebensgeschichte, in denen ich die Begleitung Gottes in besonderer Weise erfahren habe? Lebe ich in dem Bewusstsein, dass Gott jederzeit mit mir ist?

- Wo habe ich in der Vergangenheit Gottes heilende Liebe, seinen Mantel der Liebe, das Öl der Freude, die Umhüllung mit prächtigen Kleidern, die Berührung all meiner Sinne und Glieder erleben dürfen?

- Bin ich mir der vielfältigen Gnadengaben (Talente, sakramentale Gnaden: Taufe und Firmung, Charismen) bewusst, die Gott mir geschenkt hat?

- Der Herr erhebt mich zum König/zur Königin. Bin ich mir meiner Freiheit und Entscheidungsfähigkeit bewusst oder schiebe ich meine Verantwortung gerne ab – auf meine Erfahrungen in der Vergangenheit, auf andere Menschen, auf...?

Trotz der überreichen Begnadung wendet sich die Braut von ihrem Herrn ab. Prüfen Sie sich ehrlichen Herzens:

- Hat Gott wirklich die erste Stelle in meinem Leben? Glaube ich Seiner Liebe oder gibt es verborgene, halb verdeckte oder auch ganz greifbare Götzen, auf die ich mein Vertrauen setze? Beruf? Erfolg? Luxus? Leistung? Perfektion? Besitz? Wissen?

- Gibt es auf meinem geistlichen Weg Verweigerungen Gott gegenüber?

- Gibt es Bereiche in mir, wo mich destruktive Gedanken quälen? Wo verachte ich mich selbst? Wo fühle ich mich schlecht und minderwertig? Was kann, was möchte ich dem entgegensetzen?

- Wie drückt sich meine Entscheidung für Gott konkret aus? Habe ich für die Begegnung mit Gott regelmäßige Gebetszeiten reserviert? Habe ich mein Umfeld im Blick auf Gott gestaltet?

Beim *dritten Vorübergang* wendet sich Gott in seinem Erbarmen der schuldig gewordenen Braut zu, um sie erneut an sich zu ziehen.

- Stehe ich zu meiner Sünde und Schuld, zu meiner Erlösungsbedürftigkeit?

- Bin ich bereit, Verzeihung zu empfangen und Verzeihung zu schenken?

- Will ich mich mit Gott und den Mitmenschen versöhnen lassen? Oder will ich alte Feindschaften verdrängen und somit die lebenswichtige Aufarbeitung der Vergangenheit umgehen?

Übung

- Malen oder zeichnen Sie Ihre Lebensgeschichte! Ihr künstlerisches Können ist sekundär. Versuchen Sie, die unterschiedlichen Phasen Ihres
  Lebens so darzustellen, wie Sie diese erlebt und
  empfunden haben! Begegnen Sie diesem Ausdruck Ihres Innersten mit Achtung!

- Besprechen Sie das Bild mit einem Menschen,
  dem Sie vertrauen. Betrachten Sie jede Phase
  Ihres Lebens als eine, in der Gott gegenwärtig
  war und Sie begleitet hat.

Gebet

Du, Gott des Lebens und der schöpferischen Liebe. Du
erbarmst dich aller Menschen, die verachtet und verletzt, ausgesetzt und in Schuld und Sünde verstrickt
sind. Du gehst vorüber, siehst die Not und willst Leben
schenken und zur Entfaltung bringen. Gib, dass wir unser eigenes Leben unter deinen liebenden Vorübergang
stellen. Lass uns die verwundeten und unerlösten An-
teile in uns und in den anderen erkennen und deiner
erbarmenden Begegnung öffnen.
Lass uns deine zuvorkommende, erste Liebe annehmen.
Erneuere in mir deinen Bund und schenke mir die Gnade, dir heute mit ganzem Herzen die Antwort der Liebe
zu geben. Amen.

2. Mit den Psalmen beten – lebenswahr beten

In der Betrachtung von Ezechiel 16 wurde deutlich, dass es in unserem Leben keine Gründe gibt, die uns von Gott entfernen könnten. Sogar in selbstverschuldeter Not steht er zu uns, will er uns vergeben und erretten. Eine Lebensgeschichte kann noch so zerrüttet, zerstört, zerschlagen oder verwundet sein, der Herr ist dennoch mittendrin und möchte dem Menschen begegnen und nahe kommen. In besonderer Weise ist dieser Glaube an die erbarmende und heilende Liebe Gottes im Buch der Psalmen niedergelegt. Alle Lebenssituationen, die der Mensch durchmachen kann, finden sich hier: Jubel, Freude, Staunen, Lobpreis und Dank, aber auch Klage, Ärger, Fluch, Schmerz, Anfeindung, Krankheit und Tod.

In diesen 150 Hymnen, Liedern, Gedichten, Klageschreien schüttet der Mensch vor Gott sein Herz aus. Er mutet sich Gott zu, so wie er ist, und versteckt sich nicht vor ihm. Er weiß, dass er ihm nichts vormachen kann, dass Gott ihn durch und durch kennt: „Gott du hast mich erforscht und du kennst mich. Ob ich sitze oder stehe, du weißt von mir. Von fern erkennst du meine Gedanken." (Psalm 139,1f.) Der Beter bekennt die Allwissenheit Gottes, dem er nichts verschweigen kann. Er hat keine Scheu vor Gott und wagt es, vor ihm ungetarnt und ungeschützt seine Gefühle, seine Klagen, seine Angst und seinen Zorn auszusprechen: „Nein, um deinetwillen werden wir getötet Tag für Tag, behandelt wie Schafe, die man zum Schlachten bestimmt hat. Wach auf! Warum schläfst du, Herr? Erwache, verstoße nicht für immer!" (Psalm 44,23f.)

Der Psalmist klagt über die Feinde und Widersacher, über die Frevler, die ihn aufs Schärfste bedrohen: „Die mir nach dem Leben trachten, legen mir Schlingen; die mein Unheil suchen, planen Verderben, den ganzen Tag haben sie Arglist im Sinn." (Psalm 38,13) „Abend für Abend kommen sie wieder, sie kläffen wie Hunde, durchstreifen die Stadt. Ja, sie geifern mit ihrem Maul. Die Schwerter zwischen ihren Lippen, wer nimmt sie wahr?" (Psalm 59,7f.) „Sie verhöhnen und verspotten mich, knirschen gegen mich mit den Zähnen. Herr, wie lange noch wirst du das ansehen? Rette mein Leben vor den wilden Tieren, mein einziges Gut vor den Löwen!" (Psalm 35,16f.) In den Feindbildern drücken sich die Nöte und Ängste des Beters aus. Die Feinde sind so verschieden wie die mannigfaltige Begierlichkeit und Hilflosigkeit des Menschen.

Ja, der Psalmbeter stellt sogar die Vergeltung des Bösen, das ihm von seinen Feinden angetan wurde, Gott anheim. Er überlässt die Rache dem Herrn: „O Gott, zerbrich ihnen die Zähne im Mund! Zerschlage, Herr, das Gebiss der Löwen! Sie sollen vergehen wie verrinnendes Wasser, wie Gras, das verwelkt auf dem Weg" (Psalm 58,7f.). „Nur gering sei die Zahl seiner Tage, sein Amt soll ein anderer erhalten." (Psalm 109,8) „Wenn er die Vergeltung sieht, freut sich der Gerechte; er badet seine Füße im Blut des Frevlers." (Psalm 58,11) Wenn diese Fluchverse im kirchlichen Stundengebet aus pastoralen Gründen zwar nicht immer laut gebetet werden (zum Teil sind sie ausgelassen, zum Teil stehen sie in Klammer), so sagen sie doch unverblümt die ganze Wahrheit über die innere Verfassung des Menschen aus. Sie sollen daher im privaten Beten nicht ausgelassen werden.

Im Umgang mit den Psalmen werden unsere eigenen Widerstände, Revolten und Aggressionen aufgedeckt und die ungeläuterten Bereiche unseres Herzens vor Gott ausgebreitet. Das Mittel zur Bekämpfung der Feinde ist dabei nicht die eigene Kraft und Stärke, sondern das Vertrauen auf Gottes helfende Macht und rettendes Eingreifen: „Nichts nützen die Rosse zum Sieg, mit all ihrer Kraft können sie niemand retten." (Psalm 33,17) „Herr, in deiner Güte stelltest du mich auf den schützenden Berg" (Psalm 30,8). Erst wenn wir in der Tiefe unseres Herzens die eigene Wehrlosigkeit akzeptieren und eingestehen, wird die Kraft des Urvertrauens auf die Hilfe Gottes offengelegt. „Du wirst mich befreien aus dem Netz, das sie mir heimlich legten; denn du bist meine Zuflucht. In deine Hände lege ich voll Vertrauen meinen Geist; du hast mich erlöst, Herr, du treuer Gott." (Psalm 31,5f.)

Der Psalmist entscheidet sich, in der je aktuellen Lage auf Gott sein Vertrauen zu setzen und auf ihn seine Verheißung zu bauen. Dieses Vertrauen führt ihn mitten in der Ausweglosigkeit zum Lobpreis Gottes: „Darum singt dir mein Herz und will nicht verstummen. Herr, mein Gott, ich will dir danken in Ewigkeit." (Psalm 30,13) Der Beter, der sich entschließt, Gott in allen Situationen zu loben, ihn preisend zu danken, wird seine erbarmende, verwandelnde Kraft erfahren: „Ich rufe: Der Herr sei gepriesen!, und ich werde vor meinen Feinden gerettet." (Psalm 18,4) Immer wieder wird in den Psalmen zum Lobpreis aufgefordert. Das Lob umfasst unsere ganze Lebensgeschichte, unser ganzes Gebetsleben und ist eine Antwort auf Gottes Wirken. In nahezu jedem Psalm gibt es Verse, die mitten im Flehen und Klagen Gott loben und preisen. Durch das Flehen und Klagen hindurch entdeckt der Psalmist plötzlich die Öffnung zu Gott hin, entdeckt er das Licht und das Erbarmen Gottes, seine überfließende Güte: „Aber du bist heilig. Du thronst über dem Lobpreis Israels." (Psalm 22,4)

Die Psalmen spiegeln also das ganze Spektrum menschlicher Erfahrungen wieder.[16] Aufrichtig und ohne Umschweife eröffnet der Beter Gott sein Herz. So sind die Psalmen für uns die Urform eines lebenswahren und lebensechten Betens. Wenn wir uns ganz auf sie einlassen, treten wir selbst immer mehr in ein existentielles, aufrichtiges Beten ein. Der Weg der persönlichen existentiellen Aneignung umfasst vier Stufen, Etappen oder Phasen. Diese Stufen sind nicht linear im Sinne eines Aufstiegs zu verstehen. Vielmehr sind damit die verschiedenen Dimensionen oder Aspekte des Gebetsvollzugs angesprochen.

Als erstes treten wir in Beziehung zum Psalmisten: Ich nehme wahr, wie er sein Innerstes Gott anvertraut. Ich höre, was er sagt, und will verstehen, was er damit meint. Ich versuche, zwischen den Zeilen zu lesen und sein Herzensanliegen zu erkennen. Dabei werde ich eingebunden in seine Erfahrung. Das ist die *Stufe der Kommunikation*, in der ich mit dem Psalmbeter in Kontakt trete.

➜ *Stufe der Kommunikation: Mitteilung – Zeugnis*

Der Psalmist betet und schüttet sein Herz vor Gott aus. Er gibt seine Erfahrungen mit Gott an uns weiter. Ich höre, schaue zu, nehme wahr, wie der Psalmist betet.

Als nächstes, in der *Stufe der Identifikation*, versuche ich, mich auf den Psalmisten und seine Gottesbegegnung einzulassen. In seiner Erfahrung kann ich meine eigene Erfahrung, die oft unbewusst und unausgesprochen ist, wiederfinden. Ich kann mich mit seinem Erleben identifizieren, ich kann in sein Gebet mühelos, ohne Verkrampfung, einschwingen. Das Gebet des fremden Psalmisten wird zu meinem eigenen Gebet.

> ➜ *Stufe der Identifikation: Sich-Einlassen – Sich-Finden*
>
> Ich finde mich in den Worten des Psalmisten wieder. Ich kann mich identifizieren mit seinen Erfahrungen. Ich entdecke Neuland. – Ich lasse mich ein.

Im Einlassen auf diese vom Heiligen Geist gewirkten Texte und Gebete kann es geschehen, dass mich ein Wort oder ein Satz plötzlich trifft und mich in meinem Innersten erschüttert. Mein Herz wird berührt und aufgedeckt, meine Wunden werden offengelegt, meine ganze Person wird herausgefordert. Indem ich dies geschehen lasse, mich diesem Wort stelle und es in meinem Herzen bewege, kommt die schöpferische, heilende und verwandelnde Kraft des göttlichen Wortes in mir zur Entfaltung: Meine Blickrichtung ändert sich, neue Türen und Wege öffnen sich, Heilung wird möglich. Ich kann mich in meinem Sein neu bejahen. Dies ist die *Stufe der Verwandlung*, der *Neuwerdung*, der *Evokation*.

> ➜ *Stufe der Evokation: Verwandlung – Neuwerden*
>
> Ich werde herausgefordert. Ich lasse mich aufdecken – treffen – brechen – herausrufen. Ich bin bereit „loszulassen".

In der vierten und letzten Phase nehmen wir die Auswirkung der vorangegangenen Stufen wahr. Dort wo die Kirche als betende Gemeinschaft im treuen und kontinuierlichen Beten und Singen der Hymnen, Lieder und Psalmen Gott lobt, geschieht *soziale Verwandlung*, Erneuerung der Gemeinschaft, Erneuerung der Gesellschaft.

> → *Stufe der sozialen Verwandlung: Erneuerung der Ge-*
> *meinschaft*
>
> Der Heilige Geist betet im Psalmisten, in mir und in denen,
> die sich versammeln. Das gemeinsame Singen und Beten
> wird zum Bekenntnis, zum Lob Gottes. Loben bewirkt Le-
> ben.

Übung

Betrachten Sie Psalm 8 oder einen Psalm Ihrer Wahl!
Versuchen Sie, ihn mit Hilfe der vier Stufen zu ihrem
persönlichen Psalm werden zu lassen! Nehmen Sie folgende Anregungen zu Hilfe!

→ *Stufe der Kommunikation: Der Psalmist betet.*
   Ich nehme wahr, wie der Psalmist betet.

- Wie spricht der Psalmist von sich, von den
  anderen, von Gott?
- Wer ist der Beter?
- Aus welcher Lebenssituation kommen seine
  Worte?
- Wie erlebt er seine Umwelt?
- Wie erfährt er Gott, dem er sich in seiner
  Bedrängnis oder in seinem Glück zukehrt?

→ *Stufe der Identifikation: Ich lasse mich ein.*

- In welchen Aussagen finde ich mich wieder?
- Inwieweit kann ich mich mit diesem Leidenden,
  Klagenden oder Lobenden identifizieren?
- Was befremdet mich? Was stößt mich ab?
- Was würde ich am liebsten ausstreichen?

- Was kommt mir überschwänglich vor?
- Wo entdecke ich Neuland?
- Was zieht mich an? Wonach verlange ich?

→ Stufe der Evokation: Ich lasse mich treffen – brechen – wandeln.

- Von welchem Wort/Satz fühle ich mich aufgedeckt?
- Welches Wort geht mir nach, kommt in mir hoch?
- Welches Wort trifft mich in meinem Innersten?

→ *Stufe der sozialen Verwandlung: Ich bete mit der Kirche.*

- Werde ich von der Not anderer betroffen und zum solidarischen Handeln, zum konkreten Engagement bewegt?

- Was bedeutet für mich stellvertretendes Beten und Mittragen?

3. Krisen und Hindernisse im Gebetsleben

Im Gebet sollten wir echt und lebenswahr sein. Wir dürfen so, wie wir sind, mit unserem ganzen Sein und unserer Geschichte vor den Herrn treten. Dabei ist unser Gebetsleben nicht nur von hellen Stunden geprägt, in denen wir die Liebe Gottes, obschon sie uns immer umgibt, spüren. Wir können auch in dunkle Phasen getaucht werden, die von Mühsal und Kampf gezeichnet sind: Wir sind zerstreut und denken an alles andere als an Gott. Wir sind gelangweilt und schauen dauernd auf die Uhr. Gott scheint uns fern zu sein, in unserem Herzen herrschen Leere und Trockenheit. Das Beten ist mühsam; die Gebete, die wir früher gern verrichtet haben, sind uns lästig. Des Betens überdrüssig drängen sich grundsätzliche Fragen auf: Wozu soll das gut sein? Was bringt mir das? Seitdem ich begonnen habe, regelmäßig zu beten, geht es mir schlechter als je zuvor. Gibt's das? Es hat ja doch keinen Sinn! – Was tun? Die Gebetsform ändern? Noch mehr beten? Oder ganz aufhören? Das Beten den Profis überlassen?

In der Regel bergen Krisenzeiten große Chancen in sich. Sie sind in gewisser Weise privilegierte Orte für Gottes Gnadeneinbrüche, die es ermöglichen, tiefer mit Gott in Berührung zu kommen und ihn in einer neuen Weise kennen zu lernen. Der Jesuit Alfred Delp, ein Märtyrer in der NS-Zeit, bezeugt dies in einem eindrücklichen Text, den er kurz vor seiner Hinrichtung geschrieben hat[17]:

Das eine ist mir so klar und spürbar wie selten:
die Welt ist Gottes so voll.
Aus allen Poren der Dinge quillt er gleichsam uns entgegen.
Wir aber sind oft blind.
Wir bleiben in den schönen
und in den bösen Stunden hängen.
Wir erleben sie nicht durch bis an den Brunnenpunkt,
an dem sie aus Gott herausströmen.
Das gilt ... für alles Schöne und auch für das Elend.
In allem will Gott Begegnung feiern
und fragt und will die anbetende, hingebende Antwort.
Die Kunst und der Auftrag ist nur dieser,
aus diesen Einsichten und Gnaden dauerndes Bewusstsein
und dauernde Haltung zu machen, bzw. werden zu lassen.
Dann wird das Leben frei in der Freiheit,
die wir oft gesucht haben.

Alfred Delp SJ

In allem, auch in der Monotonie und im Überdruss, in der Rebellion und in der Trauer, will Gott Begegnung mit uns feiern. Das bedeutet, dass wir nicht an der Oberfläche, an den schönen Stunden unseres Lebens hängen bleiben dürfen, sondern in die Tiefe vordringen sollen – dorthin, wo alles aus Gottes Liebe hervorströmt. Wenn wir es wagen, Leid und Schmerz zuzulassen, werden wir erfahren, dass der Herr am tiefsten Punkt des Abgrunds auf uns wartet und uns mit seiner erbarmenden Liebe empfangen und bergen will.

Die geistliche Tradition nennt vor allem drei häufig auftretende Hindernisse im Gebetsleben, nämlich die Zerstreuung, die Trockenheit und den Überdruss. Unter *Zerstreuung* verstehen wir die Tatsache, dass in der Stille immer wieder Gedanken, Gefühle und Bilder hochkommen, die uns von Gott ablenken. Oft werden wir von ihnen geradezu überflutet: Eben Erlebtes geht uns nach, die Erinnerung an längst Vergangenes zieht uns in seinen Bann, Zukunftspläne werden geschmiedet, Ängste und Zweifel, Unversöhnlichkeit und Schmerz machen sich breit. Wie kommen wir aus diesem Zwiegespräch mit uns heraus? Zum einen ist es wichtig, Zerstreuungen nicht gewaltsam unterdrücken oder auslöschen zu wollen. Sie dürfen sein, sie sind Ausdruck unserer menschlichen Verfasstheit. Zum anderen dürfen sie uns aber auch nicht so in den Bann ziehen, dass sie eine tiefere Begegnung mit dem Herrn verhindern. Konkret heißt das: die Gedanken und Bilder, die hochkommen, kurz anschauen und – in einer gewissen inneren Leichtigkeit, nicht zwanghaft – loslassen und an den Herrn zurückgeben; sie zulassen, um dann zum Herzwort oder zum Betrachtungsbild zurückzukehren – wie wenn wir an dem großen Strom unseres Lebens sitzen und den Schiffen, die vorbeikommen und uns einladen einzusteigen, zuschauen und sie an uns vorüberziehen lassen würden.[18]

Mit *Trockenheit* ist die Erfahrung angesprochen, in der uns die fühlbare Nähe Gottes entzogen ist. Wir spüren nichts. Alles in uns ist trocken, spröde und sperrig. Kein schönes Gefühl, kein trostreicher Gedanke. Der Herr scheint fern zu sein. Wir sind mutlos und überlegen, das Gebet sein zu lassen: Wozu sich noch länger quälen, wenn es nichts bringt und wir nicht einmal erleichtert von der Gebetszeit aufstehen? Diese Dürre und innere Wüste ist im Grunde eine Prüfung: Bete ich, weil Gott die erste Stelle in meinem Leben einnimmt und ich ihm begegnen will? Oder bete ich um meiner selbst willen? Weil ich mich wohlfühlen will oder gerne in frommen Gefühlen schwelge? Weil ich meine Gebetserfahrungen vor den anderen zur Schau stellen und als Heiliger gelten will? In der Trockenheit erweist sich unsere Ausdauer und Treue, die Echtheit unserer Liebe. Sie gibt uns die Gelegenheit, dem Herrn unsere selbstlose Hingabe zu bekunden und unsere – nie ganz reinen – Motive läutern zu lassen: Hänge ich an meinen früheren Gebetserfahrungen? Stelle ich Ansprüche an Gott? Bin ich ihm auch dann treu, wenn er meine Vorstellungen und Wünsche nicht erfüllt?

Der *Überdruss*, von den Mönchsvätern *akedia*[19] genannt, bezeichnet das Phänomen des Widerwillens und der Lustlosigkeit an geistlichen Dingen. Wir sind des Betens überdrüssig. Es freut uns nicht. Die ursprüngliche Freude und Kraft sind einer Lähmung und Schwere gewichen. Gedanken überschwemmen uns, die uns an der Sinnhaftigkeit des geistlichen Weges zweifeln lassen. Bilder werden in uns wach, die uns an anderen Tätigkeiten und an einem weltlichen Lebensstil mehr Erfüllung vorgaukeln. Tiefer Widerstand und Groll gegenüber Gott machen sich breit.

Der in der Weisheit der Väter vertraute P. Gabriel Bunge OSB, Eremit im Onsernonetal, Tessin, Schweiz, beschreibt dieses Phänomen: „Die Akedia stellt somit eine Art Sackgasse im Leben der Seele dar. Der Widerwille gegen alles Vorhandene, verbunden mit einem diffusem Verlangen nach Nichtvorhandenem, lähmt die natürlichen Funktionen der Seele in einem solchen Maße, dass nicht einmal einer der anderen Gedanken die Oberhand gewinnen kann!"

Was kann uns in einer solchen Krise helfen? Grundsätzlich ist es wichtig zu wissen, dass solche Versuchungen besonders in Zeiten der Müdigkeit, der körperlichen und geistigen Schwäche, in der Lebensmitte über uns kommen können. In der Erschlaffung sind wir leicht angreifbar und wankelmütig. Wir sollten daher trotz des Überdrusses im Gebet ausharren und die verschiedenen Stimmen und Bilder an uns vorüberziehen lassen, ohne sie allzu ernst zu nehmen. Dabei ist es anzuraten, in solchen Phasen auf weitreichende Entscheidungen zu verzichten und sich je und je neu dem Herrn anzuvertrauen. Vor allem gilt: Ausharren. „In diesem Ausharren verwirklicht sich auch die generelle Heilung der erkrankten Wurzel, der Selbstliebe. Denn Ausharren heißt ja auch, dem Drang der irrationalen Begierden widerstehen…Dieses Ausharren ist kein blindes Erleiden, sondern bewusstes *Harren auf Gott.*"[20]

Im Wesentlichen ist für den Umgang mit Schwierigkeiten im Gebetsleben ein Zweifaches zu beachten. Einerseits ist es notwendig, dass wir uns nicht von unseren Gefühlen bestimmen lassen. Wir dürfen und sollen unsere Emotionen ernst nehmen und zulassen, ihnen Raum und Ausdruck geben, sie als von Gott geschenkt und gewollt bejahen. Sie dürfen uns aber nicht dominieren und beherrschen – in dem Sinne, dass wir ihnen unsere Entscheidungen überlassen und unser Handeln nach dem Prinzip von Lust und Laune ausrichten dürften. Sie sind zwar eine wesentliche

Dimension unseres Menschseins, aber nicht der innerste Kern unserer Persönlichkeit. Sie dürfen nicht die Stelle von Vernunft und Wille einnehmen.

Andererseits ist es erforderlich, nach den möglichen Gründen einer Krise zu fragen und sich im Geiste Gottes der eigenen Wahrheit zu stellen: Was hält mich vom Gebet ab? Sind Umfeld und Gebetsweise angemessen oder wäre es besser, einen anderen Ort, eine andere Zeit oder eine andere Form zu wählen? Bin ich im Gebet nachlässig geworden? Habe ich Schuld auf mich geladen oder bin ich in die Schuld anderer verstrickt? Muss ich mich von Menschen distanzieren, die einen schlechten Einfluss auf mich haben? Das eigentliche Hindernis im Beten ist letztlich die Sünde in ihren vielfältigen Gestalten und Ausprägungen. Trägheit, Zorn, Neid, Hochmut, Gier, Unkeuschheit, Unmäßigkeit belasten unsere Gottesbegegnung. In der Demut stehen wir vor Gott so, wie wir sind, und bringen Ihm unser Versagen. Sie ist die Haltung der Echtheit und Wahrheit, die uns letztlich den Weg aus der Krise weist.

Hinweise für den Umgang mit Gebetshindernissen

- Versuchen Sie bei Zerstreuung, sich ein Wort Gottes, das Sie im Herzen tragen, bewusst zu machen und betend zu wiederholen. Kehren Sie in der Zerstreuung immer wieder zu diesem Wort zurück.

- Legen Sie sich ein Gebetsheft oder ein Gebetstagebuch zu, in das Sie Ideen und häufig wiederkehrende Gedanken notieren, um sie leichter an den Herrn abgeben zu können.

- Lassen Sie die Gedanken, Gefühle und Bilder in Ihnen hochkommen und versuchen Sie, diese wahrzunehmen und zu prüfen: Führen sie mich zum Leben und zur Liebe oder behindern sie das Leben? Bitten Sie den Heiligen Geist um die Gabe der Unterscheidung, um in rechter Weise damit umzugehen.

Gebet

Herr Jesus Christus, du bist die unfassbare Gabe des Vaters, das kostbare Geschenk, das wir nie ausloten können. Jeden Tag bist du neu für uns da. Wir bitten dich, dass du heute mit uns gehst, uns durch die Höhen und Tiefen des Lebens geleitest, damit wir immer klarer erkennen, wer du für uns bist und wie der Vater zu uns steht. Öffne die Tiefen unsers Herzens, damit wir in deinem Geist erkennen, was uns von der Beziehung zu dir trennt. Löse und erlöse uns, damit wir in Freiheit die Freundschaft mit dir und das wahre Leben aus dir erfahren dürfen. Dafür preisen wir dich, Christus, unseren Herrn. Amen.

4. Begegnung mit dem Auferstandenen: Johannes 20,19-23

Wenn wir bereit sind, in die Abgründe unserer Seele hinabzusteigen, werden wir entdecken, dass der Herr dort auf uns wartet. Wenn wir den Mut haben, unser Leid, unsere Probleme und Schwierigkeiten anzuschauen und Gott zu übergeben, begegnen wir dem Auferstandenen. In ihm sind dann unsere Verletzungen und Wunden aufgehoben. Sie werden verwandelt und verklärt. Im 20. Kapitel des Johannesevangeliums wird berichtet, wie der Auferstandene den Jüngern erscheint und sie in die Freiheit führt.

> [19] Am Abend dieses ersten Tages der Woche, als die Jünger aus Furcht vor den Juden die Türen verschlossen hatten, trat Jesus in ihre Mitte und sagte zu ihnen: Friede sei mit euch!

> [20] Nach diesen Worten zeigte er ihnen seine Hände und seine Seite. Da freuten sich die Jünger, dass sie den Herrn sahen.

> [21] Jesus sagte noch einmal zu ihnen: Friede sei mit euch! Wie mich der Vater gesandt hat, so sende ich euch.

> [22] Nachdem er das gesagt hatte, hauchte er sie an und sprach zu ihnen: Empfangt den Heiligen Geist!

> [23] Wem ihr die Sünden vergebt, dem sind sie vergeben; wem ihr die Vergebung verweigert, dem ist sie verweigert.

Johannes 20,19-23

Am Abend dieses ersten Tages der Woche, als die Jünger aus Furcht vor den Juden die Türen verschlossen hatten, trat Jesus in ihre Mitte und sagte zu ihnen: Friede sei mit euch! (Vers 19)

Die Jünger sind in dem Raum versammelt, wo sie mit Jesus das Letzte Abendmahl gefeiert hatten. Ihre Angst vor den Juden ist so groß, dass sie die Türen verschlossen haben. Sie fühlen sich bedroht und in ihrer Furcht sind sie so in sich verkrampft, dass sie sich auch nach außen absichern müssen: Sie schließen die Türen ab. In diese Verschlossenheit kommt Jesus. Er geht durch die versperrten Türen und tritt in die Mitte der Jünger: in die Mitte ihrer Angst, in die Mitte ihrer Gemeinschaft, in die Mitte ihrer Herzen. Er nimmt seinen Platz unter ihnen ein.

Dann spricht er sein lösendes Wort: „Friede sei mit euch." Der hebräische Begriff „schalom" bedeutet nicht nur Friede, sondern darüber hinaus Glück, Segen, Lebenserfüllung und Zukunft, eben alles das, was der Mensch ersehnt. Diese Segensfülle spricht der Auferstandene den versammelten Jüngern zu. Dabei ist diese Gabe des Friedens keine wirklichkeitsferne Floskel, vielmehr ein leibhaftiges Ereignis. Das Wort Gottes bewirkt, was es sagt. Der Friede wird Wirklichkeit.

Nach diesen Worten zeigte er ihnen seine Hände und seine Seite. (Vers 20)

Jesus verbindet seine Zusage des Friedens mit einer wichtigen Geste. Er öffnet sich den Jüngern und zeigt ihnen seine Wunden, seine durchstoßenen Hände und seine durchbohrte Seite. Sein Leiden ist in die Ewigkeit des Auferstehungslebens eingegangen, sein Herz bleibt für alle Zeiten geöffnet. Er ist das geschlachtete Lamm (vgl. Offenbarung 5,6), das alle Gebrochenheiten und Leiden auf sich genommen und erlöst hat.

Jesus lädt seine Jünger ein, auf ihn und in ihm auf die leidvolle Vergangenheit zu blicken. Im Zeigen seiner Wunden liegt kein Vorwurf an sie, sondern erlösende Liebe: Ich habe eure Ängste, eure Flucht, euer Versagen, euer Scheitern, eure Bosheit auf mich genommen. Ich habe eure Schuld ausgelitten. Durch meine Wunden sind eure Wunden geheilt (vgl. 1 Petrus 2,24).

Da freuten sich die Jünger, dass sie den Herrn sahen. (Vers 20)

In dem Moment, wo die Jünger den Mut haben, auf den Herrn zu schauen, wird ihre Verschlossenheit aufgesprengt.

Freude steigt in ihnen auf und innere Gewissheit erfüllt sie: Ja, es ist alles gut.

Jesus sagte noch einmal zu ihnen: Friede sei mit euch!
(Vers 21)

In diese neue Offenheit hinein verheißt Jesus den Jüngern ein zweites Mal seinen Frieden. Durch die Wiederholung der Zusage wird das Unterbewusste angesprochen und in das Licht Gottes gestellt. Auch das, was in den Tiefen des Herzens wohnt, soll berührt und geheiligt werden, damit Verwandlung geschehen kann.

Wie mich der Vater gesandt hat, so sende ich euch.
(Vers 21)

Den Jüngern wird jetzt, wo sie das erlösende Wort Jesu auch am Grund ihres Herzens getroffen hat, die neue Sendung geschenkt. Sie werden zu Zeugen Christi befähigt: Wie mich der Vater in die Not der Welt gesandt hat, so sende ich euch zu den verlassenen und verratenen Menschen, zu den Armen.

Nachdem er das gesagt hatte, hauchte er sie an und sprach zu ihnen: Empfangt den Heiligen Geist! (Vers 22)

Indem er den Jüngern seinen Geist gibt, ermächtigt er sie zum Dienst der Zeugnisgabe. Mit dem Geist gibt er ihnen das Innerste seiner selbst, seine Gesinnung, sein Herz. Wie Gott bei der Erschaffung des Adam dem ersten Menschen seinen Lebensodem eingehaucht hat, so haucht der Auferstandene den Jüngern am Ostertag den lebensspendenden Geist ein. Er gibt ihnen damit Anteil an der Liebe und am Leben des dreifaltigen Gottes.

Wem ihr die Sünden vergebt, dem sind sie vergeben; wem ihr die Vergebung verweigert, dem ist sie verweigert. (Vers 23)

Aus der Gabe des Heiligen Geistes erwächst ein Grundauftrag, in dem alle anderen Aufträge enthalten sind: Lebt aus der Vergebung, lebt versöhnt! Wie Christus die Welt mit sich versöhnt hat, so sollen auch wir Christen ein Zeichen der Versöhnung sein. Die Entschiedenheit zur Versöhnung ist der Schlüssel für ein Leben in Frieden, der Schlüssel für das innere Heilsein.

Zur Besinnung

Betrachten Sie anhand folgender Fragen langsam
den Text aus Johannes 20,19-13:

1. Jesus, der Auferstandene lebt und liebt grenzenlos:
   ER kommt durch verschlossene Türen.
   Er kommt in meine verschlossenen Bereiche,
   in die Dunkelkammern meines Herzens.
   Glaube ich an diese österliche Gnade
   und Chance?

2. ER tritt in die Mitte der Jünger:
   Jesus will in die Mitte meines Herzens
   und meiner Lebensgeschichte eintreten.
   Bin ich bereit, IHN anzunehmen?

3. ER spricht sein lösendes, befreiendes Wort:
   Schalom.
   „Friede – neues Leben – erfülltes Dasein"
   sei mit dir!
   Will ich bewusst die Gegenwart des Auferstan-
   denen bejahen und mich für Seinen Frieden öff-
   nen?

4. ER zeigt mir seine verklärten Wunden, seine
   durchbohrte Seite:
   Glaube ich, dass ER auch meine Verletzungen
   heilen kann?
   Geheilte Wunden werden zu Gnadengaben
   (Charismen) für andere.

5. ER schenkt Versöhnung und Freude, neue Liebeszuwendung und Freundschaft.
   Wo habe ich unverhofft Freude und Hoffnung im Dunkel meines Lebens erfahren?

6. ER wiederholt die Zusage des Friedens und nimmt die Jünger hinein in die Liebe und Sendung des Vaters.
   Weiß ich mich geliebt und gesandt?

7. ER haucht sie an: Empfangt den Heiligen Geist. ER schenkt überfließende Versöhnung: Neuwerdung von innen.
   Jesus schenkt mir die Auferstehungsgaben: Versöhnung, Friede und Freude.
   Bin ich bereit, versöhnt zu leben,
   Vergebung zu erbitten
   und Vergebung zu schenken?

Gebet

Herr, du begegnest uns heute als der Gekreuzigte und Auferstandene. Wir preisen dich, dass du mitten unter uns bist und uns zuinnerst kennst. Du willst auch in die noch verschlossenen Räume unserer Herzen und unserer Lebensgeschichte eingehen, um dein liebendes und erlösendes Wort zu sprechen. Du kommst zu uns, um uns Heilung und Frieden zu schenken. Öffne uns und lass uns erkennen, wie sehr du uns wandeln und in dein neues Leben führen möchtest. Für deine grenzenlose Liebe preisen wir dich, Christus, unseren Herrn. Amen.

III.
Wachstumswege
und Entwicklungsphasen

1. Jakobs Traum von der Himmelsleiter –
von der Angst zur Gottesfurcht:
Genesis 28,10-22

Das Gebetsleben ist ein Beziehungsgeschehen, dynamisch, auf Wachstum und Entwicklung angelegt. Es ist wie ein Weg, auf dem uns der Herr immer mehr zu einem Leben in Fülle führen will. Das geschieht in einem Prozess der Wandlung (lat. procedere: „vorankommen", „vorangehen"), in dem wir uns immer mehr Christus annähern: „Er muss wachsen, ich aber muss kleiner werden" (Johannes 3,30). Verwandlung kann dort geschehen, wo wir uns vertrauensvoll der Führung Gottes überlassen, der an uns handeln und wirken will. Je mehr wir es wagen, uns selbst auf Christus hin loszulassen, umso mehr werden wir in die Tiefen unseres eigenen Herzens geführt, wo er jedem einzelnen von uns begegnen will. Eine der Weg- und Begegnungsgeschichten des Alten Bundes, in dem diese Wirklichkeit aufleuchtet, ist die Erzählung von Jakobs Traum von der Himmelsleiter im Buch Genesis.

[10] Jakob zog aus Beerscheba weg und ging nach Haran.

[11] Er kam an einen bestimmten Ort, wo er übernachtete, denn die Sonne war untergegangen. Er nahm einen von den Steinen dieses Ortes, legte ihn unter seinen Kopf und schlief dort ein.

¹² Da hatte er einen Traum: Er sah eine Treppe, die auf der Erde stand und bis zum Himmel reichte. Auf ihr stiegen Engel Gottes auf und nieder.

¹³ Und siehe, der Herr stand oben und sprach: Ich bin der Herr, der Gott deines Vaters Abraham und der Gott Isaaks. Das Land, auf dem du liegst, will ich dir und deinen Nachkommen geben.

¹⁴ Deine Nachkommen werden zahlreich sein wie der Staub auf der Erde. Du wirst dich unaufhaltsam ausbreiten nach Westen und Osten, nach Norden und Süden, und durch dich und deine Nachkommen werden alle Geschlechter der Erde Segen erlangen.

¹⁵ Ich bin mit dir, ich behüte dich, wohin du auch gehst, und bringe dich zurück in dieses Land. Denn ich verlasse dich nicht, bis ich vollbringe, was ich dir versprochen habe.

¹⁶ Jakob erwachte aus seinem Schlaf und sagte: Wirklich, der Herr ist an diesem Ort, und ich wusste es nicht.

¹⁷ Furcht überkam ihn, und er sagte: Wie ehrfurchtgebietend ist doch dieser Ort! Hier ist nichts anderes als das Haus Gottes und das Tor des Himmels.

¹⁸ Jakob stand früh am Morgen auf, nahm den Stein, den er unter seinen Kopf gelegt hatte, stellte ihn als Steinmal auf und goss Öl darauf.

¹⁹ Dann gab er dem Ort den Namen Bet-El (Gotteshaus). (...)

²⁰ Jakob machte das Gelübde: Wenn Gott mit mir ist und mich auf diesem Weg, den ich eingeschlagen habe, behütet, wenn er mir Brot zum Essen und Kleider zum Anziehen gibt,

²¹ wenn ich wohlbehalten heimkehre in das Haus meines Vaters und der Herr sich mir als Gott erweist,

²² dann soll der Stein, den ich als Steinmal aufgestellt habe, ein Gotteshaus werden, und von allem, was du mir schenkst, will ich dir den zehnten Teil geben.

Genesis 28,10-22

Die biblische Erzählung beschreibt Jakob als einsamen Wanderer, der vor seinem erzürnten Zwillingsbruder Esau auf der Flucht ist. Weil er sich den Erstgeburtssegen seines Vaters Isaak auf Anraten seiner Mutter Rebekka mit List erschlichen hatte, muss er vor seinem Bruder fliehen. In dieser Situation ist er völlig isoliert und einsam. Den ganzen Reichtum seines Vaters musste er seinem älteren Bruder zurücklassen. Ihm bleibt allein der große Segen, der ihm in dieser Situation noch unbekannt und unerreichbar ist. Jakob steht unter dem furchtbaren Druck der Ungewissheit und des Ausgestoßenseins. Angst und Not liegen auf ihm. In diesem Zustand geht er von Beersheba nach Haran – eine dunkle Vergangenheit zurücklassend, einer ungewissen Zukunft entgegen.

In diese Notsituation, in diese Angst und Beengung hinein kommt Gott Jakob entgegen. Gott kommt mitten in die reale Not und zeigt sich ihm. Er schenkt ihm einen Traum: Jakob sieht eine Treppe, eine Art Himmelsleiter, die auf der Erde steht und weit in den Horizont bis in den Himmel reicht. Auf ihr steigen Engel als sichtbarer Ausdruck der unsichtbaren Gegenwart Gottes auf und nieder. Am Ende der Leiter steht der Herr, der ihm mit dem Hoffnungsbild zugleich ein Verheißungswort zuspricht. Die nächtliche Offenbarung enthält zwei Elemente: eine Schau und ein Gotteswort.²¹

Die Schau

Im Mittelpunkt der Schau steht das Symbol der Leiter. Das hebräische Wort „sullam" ist von „aufschütten" („salal") abgeleitet und meint einen aufgeschütteten Tempelaufgang, wie sie aus dem babylonischen Gebiet bekannt sind.[22] Mit dieser Rampe wird Unüberwindliches erreichbar: Die Distanz zwischen Gott und Mensch wird überbrückt. Sie ist ein Symbol für die Verbindung zwischen Erde und Himmel, zwischen der irdischen Realität und der göttlichen Transzendenz. Hier geht die Initiative für die Überbrückung jedoch nicht vom Menschen, sondern ganz von Gott aus: Er setzt den ersten Schritt, er ergreift die Initiative. Er wendet sich Jakob zu, noch bevor sich Jakob ihm zugewandt hat.

Die Himmelsleiter ist auch ein Zeichen für die Entwicklungsstufen in der Beziehung zu Gott. Wie das körperliche Wachstum des Menschen bestimmten Gesetzmäßigkeiten folgt und sein Leben von der Geburt bis zum Tod Entwicklungsphasen aufweist, die nicht übersprungen oder manipuliert werden können, so kennt auch das geistliche Leben eine Entwicklung. Grundsätzlich verläuft diese in einem schrittweisen Ab- und Aufstieg. Gott steigt herab und nimmt den Menschen mit sich hinauf. Je tiefer wir in die eigene Problematik und Sündhaftigkeit hinabsteigen, die eigene Niedrigkeit anschauen und versuchen, sie in der Kraft Gottes anzunehmen, um so mehr kann sich uns die himmlische Wirklichkeit eröffnen. Je mehr wir bereit sind, in die Abgründe unserer Existenz einzutauchen, desto mehr kann die befreiende Gnade Gottes in uns durchbrechen. Der Himmel ist in jedem von uns, wenn wir den Mut haben, ehrlich in die eigene Not hinabzusteigen und sie Gott hinzuhalten. Die auf- und niedersteigenden Engel sind Zeichen dieses göttlichen Eingreifens, sie sind Boten Gottes.

Darüber hinaus verweist die Leiter auf den heiligen und treuen Gott, der in seinem unzugänglichen Geheimnis Jakob sehr nahe ist und ihn bereits vor jedem Wort angesprochen hat. In der Schau geschieht bereits Kommunikation. Jakob darf schauen und erkennen: Gott ist da. Ich bin nicht ausgestoßen und isoliert, vielmehr von ihm gehalten und getragen. Die Vision schenkt ihm Ruhe, Gelassenheit, Kraft und Sinn. Sie gibt Jakob in seiner Angst und Hoffnungslosigkeit eine Zukunft und eröffnet einen neuen Raum des Dialogs mit Gott. Die einzelnen Sprossen sind wie Tore, die zu einer neuen Gotteserkenntnis, zu einer tieferen Gottesfurcht, zu Weisheit und Liebe, führen.

In der Tradition wird die Himmelsleiter verschieden gedeutet. Manche Kirchenväter sehen in ihr ein Bild der Vorsehung, die Gott über der Erde durch den Dienst der Engel ausübt. Andere wiederum erkennen in ihr ein Symbol für die Jungfrau Maria. Durch sie ist der Sohn Gottes in unsere Welt hinabgestiegen und hat Fleisch angenommen, damit uns Menschen der Aufstieg zu Gott erschlossen werde. Maria ist so diejenige, die den Zugang zum Geheimnis Gottes ermöglicht, da in ihr Christus zur eigentlichen Brücke zwischen den Menschen und dem ewigen Vater geworden ist.

Das Gotteswort

Die eindrückliche Vision wird von einem Gotteswort begleitet, das drei spezifische Elemente aufweist. Als erstes bekennt sich der ewige Gott zu Jakob und identifiziert sich mit seinen Vorfahren und seiner Familiengeschichte: *„Ich bin der Gott deines Vaters Abraham und der Gott Isaaks"* (Vers 13). Er schenkt Jakob eine persönliche Begegnung.

Dann erneuert er die Verheißung des erschlichenen Erst-geburtssegens ohne Abstriche: *„Das Land, auf dem du liegst, will ich dir und deinen Nachkommen geben. Deine Nachkommen werden zahlreich sein wie der Staub auf der Erde."* (Vers 13f.) Gott steht zu Jakob als dem Geängstig-ten, Flüchtigen, dem Fersenhalter und Betrüger. Er nimmt ihn und seine dunkle Vergangenheit ganz an und spricht ihn an als seinen vielgeliebten Sohn. Er verheißt ihm einen Segen, der in seiner Fülle alles Bisherige übersteigt: Nach-kommenschaft so *zahlreich wie der Staub auf der Erde* (Vers 14). Schließlich wird Jakob durch das Wort des Herrn ganz durchströmt von Gottesfurcht. Seine Angst und Beklem-mung, seine innere Not sind geschwunden: *„Wirklich, der Herr ist an diesem Ort und ich wusste es nicht"* (Vers 16).

Mit dieser Hoffnung gebenden Kraft im Herzen lässt Gott Jakob jetzt aufwachen. Dieser ergreift die dargebotene Hand Gottes und hält sich fest an dieser Verheißung. Er nimmt den Stein, auf den er sich resigniert und traurig ge-legt hatte, stellt ihn als Steinmal auf und gießt Öl, das Zei-chen der Stärke, darüber. Aus dem Stolperstein, dem Stein des Anstoßes, dem Stein der Niedergeschlagenheit und des Widerspruches wird durch die Begegnung mit Gott in Wort und Schau ein Gedenkstein. Durch die Salbung wird die-ser zu einem heiligen Stein, der an die Gegenwart Gottes erinnert. Zudem bindet sich Jakob in einem dreifachen Ge-lübde an das Heilshandeln Gottes. Er will sich fortan ganz auf Jahwe und seine Führung einlassen: Jahwe soll mein Gott sein. Sodann will er sich ihm gegenüber dankbar er-weisen und ein Gotteshaus bauen, um diesen heiligen Ort für andere zugänglich zu machen. Zuletzt will er Gott von seinem Reichtum, von allen materiellen Werten, den Zehn-ten geben. Er will alles teilen, was Gott ihm gibt.

Jakobs Weg ist ein Wachstumsprozess. Durch viele Enttäuschungen, widrige Umstände, Ängste, Hindernisse und Schuld hindurch erfuhr er schließlich die erbarmende Zusage Gottes. Mit dem Abstieg in die eigene Ohnmacht konnte er die dargebotene Hand Gottes ergreifen, die ihm den Aufstieg ins Leben ermöglichte. So leuchtete ihm eine neue Lebensperspektive auf, in der sein Entschluss, Jahwe zu dienen und sein Leben an die empfangene Zusage zu binden, im Mittelpunkt stand.

Zur Besinnung

- Bin ich offen für die unerwartete Begegnung mit Gott?

- Kenne ich ähnliche Gottesbegegnungen inmitten von ausweglosen Situationen, wie Jakob sie erfahren durfte?

- Lasse ich mich auf die Zusage Gottes ein: „Fürchte dich nicht, ich bin bei dir"?

- Gibt es in meinem Leben eine Art Himmelsleiter?

- Erkenne ich die Brückenangebote Gottes in meinem Leben (Boten Gottes; Menschen, die mir Gottes Gegenwart vermitteln, mir die Augen öffnen für das göttliche Wirken)?

- Will ich mich einlassen auf die Führung Gottes und mich seiner Vorsehung anvertrauen?

- Für welche Ereignisse in meinem Leben kann und will ich Gott danken? Gibt es Erinnerungszeichen für solche Wohltaten und Geschenke

Gottes in meinem Leben? Oder gehe ich schnell und flüchtig darüber hinweg?

- Bin ich bereit, den Reichtum, den Gott mir schenkt oder schenken will (materielle oder geistige Werte), mit anderen zu teilen?

Übung

- Machen Sie einen Spaziergang und suchen Sie sich einen Stein!

- Bitten Sie den Heiligen Geist um sein Licht und fragen Sie sich: Was bedeutet dieser Stein für mich? Wofür steht er? Was soll in meiner jetzigen Lebenssituation verwandelt werden?

- Legen Sie diesen Stein in Ihre Gebetsecke oder bringen Sie ihn als Symbol in die Eucharistiefeier mit, um ihn in der Gegenwart des Herrn zu einem wirksamen „Erinnerungszeichen" wandeln zu lassen!

Gebet

Gott, du bist treu und verlässt keinen, den du erwählt hast. Mitten in der ausweglosen Situation öffnest du dem bedrängten Jakob deinen Himmel und sprichst ihm Kraft und Fruchtbarkeit für die Zukunft zu. Erleuchte auch unsere Herzen, damit wir deine Gegenwart wahrnehmen und erkennen, was du uns geschenkt hast und zu welcher Hoffnung und Fruchtbarkeit wir berufen sind. Amen.

2. Wachstumsschritte – Weisen des Betens

Wie jedes lebendige Wesen wächst und gedeiht, so ist auch das Gebet von bestimmten Wachstumsschritten geprägt. Die Tradition unterscheidet dabei drei fundamentale Weisen: das mündliche, das betrachtende und das innere Gebet. Jede der Weisen ist auf ihre Art Geschenk Gottes und Wirkung des Heiligen Geistes. Die einzelnen Formen können zwar voneinander unterschieden werden, aber einander nicht ablösen oder aufheben, weil sie zuinnerst miteinander verbunden sind. Wenn uns das mündliche Gebet ins betrachtende oder ins innere Beten führt, so heißt das nicht, dass wir dann mit dem mündlichen Gebet aufhören müssten; dieses bleibt vielmehr die Grundlage der Beschauung. Es kann sogar sein, dass wir in einer einstündigen Gebetszeit die verschiedenen Gebetsformen anfanghaft durchgehen. Wesentlich ist, der Sehnsucht des eigenen Herzens Raum zu geben, uns finden zu lassen vom Sehnen Gottes nach jedem von uns.

> „Wenn du wüsstest, worin die Gabe Gottes besteht" (Johannes 4,10). Das Wunder des Gebetes zeigt sich gerade da, am Rande der Brunnen, bei denen wir Wasser holen. Dort begegnet Christus jedem Menschen; er sucht uns, bevor wir ihn suchen, und er bittet: „Gib mir zu trinken!" Jesus dürstet; seine Bitte kommt aus der Tiefe Gottes, der nach uns verlangt. Ob wir es wissen oder nicht, im Gebet begegnet der Durst Gottes unserem Durst. Gott dürstet danach, dass wir nach ihm dürsten.[23]

Das *mündliche oder wörtliche* Beten gehört unverzichtbar zum christlichen Leben. Es markiert in gewisser Weise unsere Entschlossenheit und unseren Willen zum Beten. Es ist Ausdruck unserer Entscheidung, mit Gott in Beziehung treten zu wollen. Zudem ist das wörtliche Beten biblisch bezeugt. Christus lehrte seine Jünger das Vaterunser zu sprechen (vgl. Matthäus 6,9-13; Lukas 11,1-4). Ja, er selbst hat beharrlich die mündliche Gebetsform gepflegt. Der Gebetsschatz seines Volkes, die Psalmen, waren ihm innerlich, die mitbetende Teilnahme am Gottesdienst der Synagoge war ihm selbstverständlich. Darüber hinaus kleidete er seinen innersten Seelenzustand in persönliche Gebetsworte: sowohl seine Freude: „Ich preise dich, Vater des Himmels und der Erde, weil du all das den Weisen und Klugen verborgen, den Unmündigen aber offenbart hast. Ja, Vater, so hat es dir gefallen" (Matthäus 11,25f.) als auch sein Ringen um den Willen des Vaters: „Abba, Vater, alles ist dir möglich. Nimm diesen Kelch von mir! Aber nicht was ich will, sondern was du willst, soll geschehen" (Markus 14,36), und seine äußerste Verlassenheit am Kreuz: „Mein Gott, mein Gott, warum hast du mich verlassen?" (Matthäus 27,46)

Diese Gebetsweise entspricht im Grunde unserer menschlichen Natur. Weil wir nicht nur Geist, sondern wesenhaft auch Leib sind, gehört es zu unserer Wesensart, unsere Gefühle nach außen kundzutun und so die äußeren Sinne an unserem inneren Beten zu beteiligen. Wenn wir auf diese Art, nämlich ganz in Einheit mit den Gegebenheiten unseres menschlichen Seins, beten, verleihen wir unserem Flehen große Kraft. Indem wir das Gebet aus der Tiefe der Seele emporsteigen und sich in uns verleiblichen lassen, entsprechen wir zugleich der Forderung Jesu, Gott im Geist und in der Wahrheit anzubeten (vgl. Johannes 4,24). Denn insofern wir dem Innersten unserer Seele im Äußeren Raum geben, ist das Gebet schon ein Beten im Geist. Dadurch ist das mündliche Gebet im Grunde eine erste Weise des inneren Betens.

Die nächste Gebetsform, das *betrachtende Gebet*, auch *Meditation* genannt, unterscheidet sich vom wörtlichen Beten vor allem darin, dass es nicht ein Einschwingen in ein überliefertes Gebetswort oder ein konkretes Sich-Ausdrücken vor dem Herrn, sondern in erster Linie ein Suchen und Forschen ist – ein Suchen nach besserem und tieferem Verstehen der Glaubensgeheimnisse und ein Erforschen des göttlichen Willens für unser Leben im Hier und Jetzt. Unser Geist versucht, die göttlichen Heilsmysterien und die konkreten Forderungen des christlichen Lebens zu erfassen, um den Herrn in seiner Güte anzubeten und seinem Willen in Freiheit zustimmend antworten zu können. Im Zentrum steht dabei das Nachsinnen über die Geheimnisse des Lebens Jesu Christi. Eine Hilfe für dieses Kennen- und Liebenlernen Gottes sind geistliche Texte oder Bilder: die Heilige Schrift, die für den Tag vorgesehenen liturgischen Texte, Schriften der Kirchenväter oder anderer geistlicher Schriftsteller, Ikonen, die Schöpfungswirklichkeit.

Die Methoden des betrachtenden Betens sind entsprechend den geistlichen LehrerInnen sehr verschieden. Das bedeutet, dass eine Betrachtung nicht um der Methode willen geübt wird, sondern im letzten immer auf die Begegnung mit Christus hingeordnet ist. Trotz der Unterschiedlichkeit an Meditationsformen weisen alle Methoden dennoch eine gemeinsame Grundstruktur auf, die ausgehend vom nüchternen Denken über die Gefühlsbewegung zum Willensentscheid fortschreitet. Eine Schriftstelle oder eine bestimmte Glaubensaussage wird angeschaut, mit dem Verstand erwogen, in ihrer inneren Fülle ausgekostet und schließlich durch einen Vorsatz ins konkrete Leben umgesetzt. Dieser Einsatz aller menschlichen Dimensionen ist notwendig, um die Wahrheiten des Glaubens in allen

Schichten des Menschseins zu verwurzeln und Umkehr in der Tiefe des Herzens zu ermöglichen.

Für Ignatius von Loyola ist das „auskostende Verweilen" bei den einzelnen Mysterien der Schlüssel der Meditation: „Denn nicht das Viel-Wissen sättigt und befriedigt die Seele, sondern das Verspüren *(sentir)* und Verkosten *(gustar)*."[24] Die Betrachtung hat also nicht primär ein Erfassen der Glaubens-Inhalte auf rationaler Ebene zum Ziel, sondern ein Sich-Ergreifen- und Erfüllen-Lassen von der Wirklichkeit Gottes. Das meditative Beten dient nicht primär der Information, vielmehr ist es ein liebendes Hinschauen auf die Geheimnisse des Heils. Indem wir bei dem Wort Gottes verbleiben, das uns bewegt und berührt, es in seiner Bedeutung für unseren Alltag erwägen und in seiner Schönheit auskosten, kann es unser Leben verwandeln.

Wenn wir das betrachtende Gebet beharrlich üben und uns anrühren lassen vom Geheimnis Gottes, wird unser Beten immer mehr in ein inneres, kontemplatives einmünden, in ein Zusammensein mit Jesus, der mich liebt und den ich liebe. Das innere Beten ist gleichsam die bewusst gelebte Beziehung mit Jesus, mit dem wir Zeit verbringen und den wir immer tiefer als Person kennenlernen. Dabei ist die Wahrnehmung der eigenen Schwäche und Sündhaftigkeit kein Hindernis für die Beziehung, hingegen die entscheidende Tür für die Erfahrung seiner erlösenden und erbarmenden Liebe. Die Konfrontation mit unserer Niedrigkeit öffnet uns den Blick für die eigene Unzulänglichkeit und fordert uns heraus, unser Vertrauen ganz auf Gott zu setzen und unser Heil in Jesus zu suchen. Die Annahme unserer eigenen Wirklichkeit ist gleichsam die Grundbedingung für ein kontemplatives Leben.

Das innere Gebet ist daher keine Technik, die wir mit Übung und entsprechender Anstrengung erlernen könnten, sondern reines Gnadengeschenk. Gott selbst ergreift die Initiative und zieht uns an sich. Wir wissen aus der Heiligen Schrift und aus dem Leben vieler Glaubenszeugen, dass Gott uns sucht, bevor wir ihn suchen. Kontemplatives Gebet ist damit in keiner Weise elitär auf spirituelle Profis beschränkt, sondern universal. Wie ein jeder von uns zu einem Leben in Heiligkeit berufen ist, so gilt auch jedem von uns der Ruf zum inneren Gebet und zur Vereinigung mit Gott.

Obschon das innere Beten göttliches Geschenk ist, müssen im menschlichen Herzen Voraussetzungen gegeben sein, damit es als Gabe empfangen werden kann. Die erste Bedingung ist die *Offenheit und Verfügbarkeit des Herzens*. Wir sollen bereit sein, unser Innerstes, unser Herz als Ort der Wahrheit immer umfassender zu öffnen und Gottes Gegenwart zu bejahen. Als zweite Bedingung ist ein *tiefer Glaube an die Gegenwart Gottes* wesentlich. Wir halten am Glauben unabhängig von unseren Gefühlen, unabhängig von unseren Verdiensten und Fähigkeiten fest. Wir verankern uns im Herrn: Er ist da, er ist nah bei uns, er schaut uns an und liebt uns. Wir sind bei Ihm und lassen uns lieben. Wir leben im Aufblick. Eine dritte Bedingung sind *Treue und Ausdauer.* Die Qualität des Gebetslebens ist oftmals eine Frucht der Treue, die geplanten Gebetszeiten einzuhalten und den geistlichen Kampf aufzunehmen. Die Tradition der Kirche und das Gebetsleben der Heiligen zeigen, dass ein armes, aber regelmäßiges und treues Beten fruchtbarer ist als die Momente erhabener, aber seltener Gebete. Als vierte Bedingung verlangt das innere Beten eine *Lauterkeit unserer Absicht.* Wer sich selbst sucht, wird das Gebet schnell aufgeben, wenn es schwierig zu werden beginnt. Wer hingegen dem Herrn begegnen will, wird sich von Problemen nicht beunruhigen lassen. Selbst wenn wir den Eindruck haben, dass wir während des Betens viel um uns selber kreisen, brauchen wir uns nicht zu beunruhigen. Denn die fünfte Bedingung ist die Fähigkeit, die eigene *Schwäche und Armut zu akzeptieren.* Der Demütige betrachtet nämlich sein Elend nicht als Drama, sondern als eine Chance, sich Gottes Barmherzigkeit anheimzugeben.

> Siehe, o Gott, ich trete vor dein Antlitz: heiliger Gott, gerechter Gott, Gott, der du die Wahrheit, die Treue, die Lauterkeit, die Gerechtigkeit, die Güte bist. Wenn ich vor dich hintrete, muss ich wie Moses vor dir niederfallen und wie Petrus sprechen: Geh weg von mir, denn ich bin ein sündiger Mensch (Lukas 5,8). Ich weiß, ich kann dir nur eines sagen: Erbarme dich meiner. Ich bedarf deiner Barmherzigkeit, denn ich bin ein Sünder. Ich bin deiner Barmherzigkeit unwürdig, denn ich bin ein Sünder. Aber ich habe demütiges Verlangen nach deiner grundlosen Barmherzigkeit, denn ich bin kein Verlorener, sondern ein Mensch dieser Erde, der noch Sehnsucht nach dem Himmel deiner Güte trägt, der gerne demütig mit Tränen der Freude das grundlose Geschenk deines Erbarmens entgegennimmt.[25]

> *Karl Rahner*

Als sechste Bedingung verlangt die Kontemplation *beharrliche Entschiedenheit.* Geradezu leidenschaftlich betont Teresa von Avila:

> Viel, ja, alles ist an einer großen und ganz entschlossenen Entschlossenheit gelegen, um nicht aufzuhören, bis man zur Quelle vorstößt, komme, was da kommen mag, passiere, was passieren mag, sei die Mühe so groß wie sie sein mag, lästere, wer da lästern mag, mag ich dort ankommen, mag ich unterwegs sterben, oder nicht beherzt genug sein für die Mühen, die es auf dem Weg gibt, ja mag die Welt darüber untergehen.[26]

Ohne diese entschiedene Beziehungspflege mit Gott kann niemand im geistlichen Leben wachsen. Dies setzt wiederum, siebentens, voraus, dass wir die *Zeit,* die wir dem Herrn geben, nicht als Diebstahl, sondern als *Kairos* betrachten. Denn das innere Beten macht uns im Alltag geduldiger, in der Arbeit konzentrierter, in den Beziehungen einfühlsamer und fähiger, im Hier und Jetzt zu leben und den Alltag zu meistern.

> Das sollten die so Aktiven bedenken, sie, die mit ihren Predigten und äußeren Werken sich der Welt anpassen wollen, sie mögen bedenken, dass sie der Kirche viel nützlicher und Gott viel wohlgefälliger wären, und dass sie ein wirksameres Vorbild abgeben würden, wenn sie auch nur die Hälfte dieser Zeit betend mit Gott verbringen würden, auch wenn sie jenen erhabenen Gnadenstand noch nicht erreicht haben sollten. Sicherlich, mit ihrem begnadeten Gebet, mit dem Zuwachs an geistiger Kraft aus solcher Erhebung würden sie mit einem einzigen Werk müheloser mehr erreichen als mit tausend anderen. Alles andere heißt nur sich abplagen und wenig mehr als nichts zustandebringen, und mitunter nichts, wenn nicht gar Schädliches. Gott bewahre uns davor, dass das Salz zu verderben beginne, je mehr jemand nach außen hin etwas zu leisten scheint, es wird im Kerne nichts sein. Denn die guten Werke werden nicht anders als aus der Kraft Gottes gewirkt.[27]
>
> *Johannes vom Kreuz*

Schließlich ist die *Ganzhingabe an Gott* die achte und wohl wichtigste Bedingung für das innere Beten. Insofern nämlich das Ziel der Kontemplation das Einswerden mit dem Herrn ist, kann dies nicht geschenkt werden, wenn wir uns ihm nicht anheimgeben. Wenn wir in unserem Leben Reservate habe, die wir Gott nicht überlassen, büßt das innere Gebet an Fruchtbarkeit ein.

Indem sich der Mensch auf die Begegnung mit dem Herrn einlässt und im Glauben den Weg in die Tiefen seines eigenen Herzens hinabsteigt, kann er den Raum in sich entdecken, in dem Gott, in dem die Heiligste Dreifaltigkeit in ihm wohnt. Dieser heilige Ort ist der Ort der Gemeinschaft mit Gott und das Zentrum der Person. Es ist ein unversehrtes Heiligtum. In ihm wird das Herzensgebet geboren. Die heilige Teresa von Avila bezeugt diese innerste Wahrheit mit eindrücklichen Worten:

> Denn, wenn ich wie jetzt in Wahrheit erkannt hätte, dass in diesem winzigen Palast meiner Seele ein so großer König Platz hat, dann hätte ich ihn meines Erachtens nicht so oft allein gelassen, zumindest manchmal wäre ich bei ihm geblieben und hätte mir mehr Mühe gegeben, dass er nicht so schmutzig ist. Aber welch großer Bewunderung wert ist es doch: Er, der mit seiner Größe tausend Welten füllen würde, schließt sich in etwas so kleines ein! So wollte er auch im Schoß seiner heiligsten Mutter Platz haben. Da er der Herr ist, bringt er die Freiheit mit, und da er uns liebt, passt er sich unserem Maß an.[28]

Teresa von Avila

Letztlich ist jeder Mensch ein Pilger auf der Suche nach seinem Herzen, dem inneren heiligen Ort, seinem tiefsten Wesen. Nach dem wegweisenden Wort aus dem ersten Petrusbrief trägt jeder in sich „den verborgenen Menschen des Herzens" (1 Petrus 3,4). Ist das nicht unsere tiefste Wirklichkeit? Dort begegnet uns Gott und spricht uns liebend an. Nur von dort her sind wir fähig, den Menschen wirklich zu begegnen und auch sie wertschätzend anzusprechen.

Ein solches Beten aus verborgenen Herzenstiefen finden wir im *Psalm 131* – einem „Pilgerpsalm" aus den Kreisen der nachexilischen Gemeinde. Der Beter enthüllt sein tiefstes Wesen. Er hält nichts mehr von ehrgeizigen Plänen und eitlen Bestrebungen. Er bekennt sich zu den Armen und Demütigen, denen Gottes Gefallen gilt. So vermag er vertrauensvoll sich dem Gott seines Lebens anheimzugeben. Herzensruhe wird ihm geschenkt. Geradezu zärtlich bezeugt er das göttliche Wirken in seinem Innersten. „Wie ein kleines Kind" sich an die Mutter schmiegt, so innig hängt er an seinem Gott, sucht seine Nähe und wird gestillt – gesättigt. Er ist geborgen, findet Heimat und tiefste Erfüllung bei dem, dem er aus Herzensgrund vertraut.

Psalm 131

[1] Herr, mein Herz ist nicht stolz,
nicht hochmütig blicken meine Augen.
Ich gehe nicht um mit Dingen,
die mir zu wunderbar und zu hoch sind.

[2] Ich ließ meine Seele ruhig werden und still;
wie ein kleines Kind bei der Mutter
ist meine Seele still in mir.

[3] Israel, harre auf den Herrn
von nun an bis in Ewigkeit.

Zur Besinnung:

- Beten Sie langsam diesen Psalm! Halten Sie nach jedem Vers inne und spüren Sie in jedes Wort hinein!

- Was zeigt Ihnen dieser Psalm? Fragen Sie sich ehrlich: Bin ich auf dem Weg des Trauens oder erfahre ich mich hin- und hergerissen? Lasse ich mich von Gott führen und tragen oder bin ich getrieben?

- Was sagen Sie Gott mit diesem Psalm? Bin ich bereit, all das loszulassen, was mich von Gott trennt: eitle Dinge, Illusionen, falsche Abhängigkeiten, ehrgeizige Pläne und übertriebene Erwartungen?

- Will ich mich Gott so überlassen, wie ich bin, und mich seiner bergenden Liebe anvertrauen?

Gebet

Gott, du willst uns in allem begegnen und sehnst dich danach, uns zur Entfaltung, zur Vollendung der Liebe zu führen. Gib, dass wir uns in allen Situationen ganz ausrichten nach dir, um deine Gegenwart in unserem Herzensgrund wahrzunehmen und achtsam auf deinen Geist zu lauschen, der uns in die volle Wahrheit einführen will. Lass uns staunen über dein Wirken in uns und hilf uns, dir alle Bereiche unseres Lebens zu überlassen, damit dein Licht uns durchstrahle und wir zu glaubwürdigen Zeugen deiner Liebe werden. Amen.

3. Maria – Urbild der Kontemplation

Die Person, die in vollendeter Weise das innere Beten gepflegt und gelebt hat, ist Maria, die Mutter des Herrn. Sie ist die Meisterin, das Urbild der Kontemplation. Bis in die tiefsten Fasern ihres Wesens war sie von der kontemplativen Haltung durchdrungen und geprägt. Ihr Gebet, das im

Magnifikat seinen überragenden Ausdruck gefunden hat – dem Preislied, mit dem sie beim Besuch ihrer Verwandten Elisabeth deren Lobpreisung beantwortet (Lukas 1,39-56) –, und ihr Lebensweg sind ein einzigartiges Modell, an dem wir ablesen können, was Kontemplation ist. In der Betrachtung ihres Lebens und im Beten des Magnifikats tauchen wir in ihre Haltung ein und werden dadurch immer mehr in Menschen des inneren Betens verwandelt.

Der Hingabeweg Marias – Kontemplation als Ja

Das Leben Marias war als kontemplativer Weg ein Weg der konkreten Hingabe. Wenngleich ihr durch die vorauslaufende Gnade eine Gottoffenheit geschenkt war, durch die alles in ihr, Leib, Seele und Geist, der werbenden Liebe Gottes entsprach, war sie dennoch gerufen, das Gnadenangebot Gottes in Freiheit anzunehmen. Dabei kennt ihr Ja im Verlauf ihrer Lebensgeschichte verschiedene Phasen.[29]

Am Anfang ihres Weges steht das Ja zum Geheimnis der *Erwählung.* Der Engel Gabriel kommt mit einer überwältigenden Botschaft zu ihr: „Sei gegrüßt, freu dich, du Begnadete" (Lukas 1,28). Du bist ohne Sünde empfangen, ganz rein, ganz eingetaucht in die erlösende Liebe deines Gottes, du bist die von Anfang an überreich Beschenkte (Immaculata). Der Engel macht ihr kund, welche Aufgabe Gott von Ewigkeit her ihr zugedacht hat: „Du wirst ein Kind empfangen, er wird Sohn des Höchsten genannt werden" (vgl. Lukas 1,31ff.). Maria erschrickt über diese Worte und fragt in innerer Offenheit, wie das geschehen soll, da sie keinen Mann erkenne. Der Engel verheißt ihr den Heiligen Geist: „Heiliger Geist wird über dich kommen und die Kraft des Höchsten wird dich überschatten" (vgl. Lukas 1,35).[30]

Maria öffnet sich dieser Zusage und antwortet schlicht: „Ich bin die Magd des Herrn; mir geschehe" (Lukas 1,38). Sie geht auf das Liebesangebot Gottes ein und lässt sich überfließend beschenken: Ja, Amen, so sei es. Sie wird eingetaucht in die Kraft und Macht des Heiligen Geistes, so dass wir in dieser Stunde der Verkündigung von einem „persönlichen Pfingsten Marias" sprechen können.[31] Dieses Jawort ist das Fundament, auf dem die Kontemplation aufruht. Es ist gleichsam das Herzwort, das die Tür zum inneren Beten erschließt.

Die ursprüngliche Bereitschaft Marias, das Wagnis des Glaubens einzugehen, erfährt in ihrer Lebensgeschichte eine tiefe Läuterung. Das freudvolle Ja des Anfangs wird im Feuerofen des Schmerzes in seiner Echtheit geprüft. Schritt für Schritt wird sie dabei aus einer rein mütterlichen Bindung an den Sohn in eine tiefere Beziehung geführt. Schon bei der Darbringung des Kindes im Tempel – sie hat Jesus nach dem Gesetz des Mose zur Beschneidung geführt und ihn so als Erstgeborenen Jahwe übereignet – prophezeit ihr der greise Simeon, dass ein Schwert ihre Seele durchbohren wird (vgl. Lukas 2,35). Dann lässt sie bereits der zwölfjährige Jesus, der bei der Wallfahrt nach Jerusalem im Tempel zurückgeblieben war, über die Sorge und den Schmerz des Suchens hinaus eine befremdliche Distanz erfahren: „Wusstet ihr nicht, dass ich in dem sein muss, was meinem Vater gehört?" (Lukas 2,49) Besonders eindrücklich wird diese Entfremdung von der Mutter jedoch während seines öffentlichen Auftretens, wo er die natürlichen Familienbande völlig relativiert: „Meine Mutter und meine Brüder sind die, die das Wort Gottes hören und danach handeln" (Lukas 8,21 par). Maria ist über diese Zurückweisungen jedoch nicht enttäuscht oder resigniert, sondern bewahrt die Worte ihres Sohnes in ihrem Herzen (vgl. Lukas 2,51) und versucht, sich immer tiefer in den Willen Gottes einzulassen.

Den Höhepunkt der Entfremdung und des Schmerzes erlebt sie allerdings dort, wo sie auf Golgotha unter dem Kreuz steht und hilflos dem qualvollen Sterben ihres Sohnes beiwohnt. Hier erfährt sie die Feuerofenprüfung, die Todestaufe (vgl. Markus 10,38). Denn Jesus spendet ihr in dieser Situation keinen Trost, verheißt ihr keine bessere Welt und keine Auferstehung. Vielmehr sprengt er die Beziehung zu ihr völlig. Indem er sie dem Lieblingsjünger überantwortet, der die Gemeinschaft der Glaubenden repräsentiert, verfügt er sie an die Kirche, die er am Kreuz aus sich herausgebiert: Siehe, dein Sohn (vgl. Johannes 19,26). Zugleich spricht er sie mit dem distanzierten Wort „Frau" an und macht sie auf diese Weise auf ihre Aufgabe im Heilsgeschehen aufmerksam: Wie er, Christus, der neue Adam ist, der in seinem Blut den neuen Bund mit dem Menschengeschlecht gestiftet hat, so ist sie die neue Eva, die durch ihren Gehorsam den Ungehorsam der Stammmutter Eva wieder gutgemacht hat. Ihr Ja scheint in dieser äußersten Situation ein einziger Hilfeschrei zu sein: Herr, steh mir bei. Das Ja, Amen, „So-sei-es", wandelt sich in ein Ja, Hosianna (= Herr, hilf).

Da Maria bereit ist, selbst in tiefster Ohnmacht und Ausweglosigkeit, im Schmerz über den toten Sohn auf ihrem Schoß zu den göttlichen Verfügungen ja zu sagen, erfährt sie die Vollendung. Im Durchgang durch das Leid und die Todestaufe wird sie in die Auferstehung und Verherrlichung ihres Sohnes mit hinein genommen. Sie ist nicht mehr länger die Trauernde, sondern an Ostern mit tiefster Freude erfüllt. Ihr Ja, hindurchgegangen durch die Kelter des Leides, ist nun ein Ja zur Vollendung, ein Ja zum Sieg der Liebe über den Tod, letztlich ein Halleluja (= Preiset Gott). In diesem Ja sind die irdischen Grenzen aufgebrochen. Denn ihr Jawort ist in der Stunde des Kreuzestodes auf neue Weise fruchtbar geworden. War sie bisher die Mutter Jesu, ist sie jetzt über sich hinaus zur „Mutter der Kirche"[32], zu unser aller Mutter geworden.

Indem Maria ihr Ja in allen Stadien ihres Lebens verwirklicht und durchgetragen hat, ist sie im Grunde jene, die sich rückhaltlos dem Herrn anvertraut und seinen Verheißungen geglaubt hat. Sie ist die Person, in dem der Glaube des Volkes Israel seine überreiche Erfüllung gefunden hat. Wie Abraham als der Vater des Glaubens gilt (vgl. Römer 4; Galater 3,7), da er je neu dem Wort Gottes geglaubt hat, so ist sie die „Mutter der Glaubenden". Dieser bedingungslose Glaube ist die Haltung ihres Lebens und Betens. Er findet im *Magnifikat* (Lukas 1,46-55) seinen besonderen Niederschlag, in dessen vier Sinneinheiten sich zugleich die vier Dimensionen des marianischen Glaubens ablesen lassen.[33]

Das Magnifikat – Kontemplation als Glaube

1. Der Glaube Marias an die persönliche Liebe Gottes

46 Meine Seele preist die Größe des Herrn,

47 und mein Geist jubelt über Gott, meinen Retter.

48 Denn auf die Niedrigkeit seiner Magd hat er geschaut.
Siehe, von nun an preisen mich selig alle Geschlechter.

Maria verdankt sich ganz Gott und schreibt nichts ihren eigenen Verdiensten zu. Sie anerkennt ihre eigene Armut, Niedrigkeit und Kleinheit. Sie schaut auf ihre Unzulänglichkeit und Schwachheit und bejaht diese Grenzen. Denn sie weiß und vertraut, dass sie aus eigenen Kräften zwar nichts vermag, aber alles von Gott erwarten kann. In diesem Glauben erfährt sie die Größe der Liebe Gottes an sich: *„denn auf die Niedrigkeit seiner Magd hat er geschaut. Siehe, von nun an preisen mich selig alle Geschlechter."*

2. Der Glaube an Gottes heilmächtiges Wirken an Maria

[49] Denn der Mächtige hat Großes an mir getan,
und sein Name ist heilig.

[50] Er erbarmt sich von Geschlecht zu Geschlecht
über alle, die ihn fürchten.

Da Maria die Wahrheit über sich selbst und ihr Angewiesen-Sein auf Gott annimmt, kann sie sich dem göttlichen Wirken ganz anheimgeben. Sie erlebt, dass sie in einer jede Erwartung übersteigenden Weise beschenkt wird: *„Denn der Mächtige hat Großes an mir getan."*

3. Der Glaube an Gottes befreiende Liebe zu allen Menschen

[51] Er vollbringt mit seinem Arm machtvolle Taten:
Er zerstreut, die im Herzen voll Hochmut sind;

[52] er stürzt die Mächtigen vom Thron
und erhöht die Niedrigen.

[53] Die Hungernden beschenkt er mit seinen Gaben
und lässt die Reichen leer ausgehen.

Maria erkennt nicht nur das Handeln Gottes an sich selbst, sondern auch an den anderen Menschen. In prophetischer

Schau darf sie die Erfüllung des Himmels und der neuen Erde in Hoffnung vorwegnehmen. Gott wird machtvolle Taten vollbringen, er wird die wahren Werte herstellen, die Bosheit umstürzen. Misstrauen, Angst und alle Quälereien, die Leid und Tod gebären, werden vor seiner unbesiegbaren Liebe weichen. Das Böse wird in alle Winde zerstreut. Denn Gott ermöglicht eine Revolution der Liebe. Die Niedrigen, die Hungernden und die Armen werden erhöht. Alles, was Gott an Maria getan hat, wird er dann an allen Menschen tun. Keiner ist ausgeschlossen.

4. Der Glaube an das schöpferische Erbarmen Gottes

[54] Er nimmt sich seines Knechtes Israel an
und denkt an sein Erbarmen,

[55] das er unsern Vätern verheißen hat,
Abraham und seinen Nachkommen auf ewig.

Maria glaubt an das Erbarmen Gottes, das ewig ist, und durch alle Geschlechter hindurch sich bewähren wird. In ihrem Herzen leuchtet der Gott auf, der sein Herz dem Elenden, dem Bedürftigen geben will (lat. misericordia = miseri - cor - dare). Gott will in immer neuer schöpferischer Treue sein Erbarmen den Menschen schenken. In der Freude an Gottes machtvollem Wirken verherrlicht Maria voraushoffend Gott und schafft dadurch Bedingungen für die Heilung der Menschen. Dieser Glaube, der aus der Tiefe des Herzens sich in trostlosen Situationen an Gott klammert, ist wie eine Lichtbahn, die vielen Suchenden den Weg erhellt. Weil Maria es gewagt hat, sich selbst anzunehmen und von Gottes Liebe verwandeln zu lassen, wird auch die Kirche verwandelt, die auf Israel, Abraham und seine Nachkommen, aufgepfropft ist.

Zur Besinnung

- Nehme ich die Zusage Gottes: „Freu dich, du Begnadete", als persönliche, einmalige Verheißung für mich an? Wie geht es mir mit der Wahrheit, von Gott einmalig erwählt zu sein?

- Wieweit erkenne ich die Führung Gottes in meinem Leben? Sind für mich Zeiten der Dürre, der Prüfung und Wüste Chancen der Gottesbegegnung, der Reifung und Läuterung?

- Was bedeutet mir auf meinen Glaubensweg die Person Marias, die ganz vollendete Schwester im Glauben, die Mutter der Kirche und liebende Fürsprecherin ist?

Gebet

Herr, wir preisen dich, dass du uns Maria als Mutter geschenkt hast. Öffne auch uns für deine Zusage: „Du bist voll der Gnade". Mache auch uns bereit, dir aus ganzem Herzen das Ja-Wort zu geben in allen Situationen: Ja-Amen, dein Wille geschehe; Ja-Hosianna, hilf doch weiter in Not und Bedrängnis; Ja-Halleluja, nur du bist der Herr des Lebens, der uns im Heute österliche Kraft und Licht schenkt. Lass uns in deiner Gegenwart bleiben. Erfülle uns mit dem festen Vertrauen, dass wir in dir schon jetzt und hier den Himmel in uns tragen und die verheißene Wohnung in der Herrlichkeit erfahren. Bete in uns und mache uns zu Trägern der Hoffnung, zu Zeugen des Glaubens, zu liebenden Menschen. Amen.

4. Christus, Ikone Gottes –
Weg und Ziel unseres Lebens:
Kolosser 1,12-20

Wachstum im Gebetsleben hängt wesentlich ab von unserer persönlichen Beziehung zu Christus. Die Kernfrage, die Jesus seinen Jüngern stellt: Wer bin ich für euch? gilt auch für uns. Wer ist Christus für mich heute? Benedikt von Nursia (480-547) setzt da ein klares Zeichen: „Sie sollen nichts höher stellen als Christus, der uns alle zum ewigen Leben führen möge."[34] Wie lebendig ist unser Verlangen nach Intimität und Herzensfreundschaft mit Christus, unserem gekreuzigten und auferstandenen Herrn? Sind wir überzeugt, dass er die Mitte unseres Daseins und das Ziel jeglichen inneren Wachstums ist? Wenn ja, dann prägt diese Verbundenheit unseren Alltag und wird auch in unserem Verhalten fassbar – im Hören aufeinander, in Geduld, Ausdauer und Versöhnungsbereitschaft, in Demut und Hingabe, Gelassenheit, Heiterkeit, und Verzicht. Wie Maria ganz auf ihren Sohn hin gelebt hat, so sollen auch wir Christus mit allen Fasern unseres Herzens anhangen. Wie ihr ganzes Sein immer mehr christusförmig wurde, so ist auch uns die Gnade gegeben, Schritt für Schritt Christus ähnlich zu werden – ein Abbild seiner Person, ja, eine Ikone Christi.[35]

Doch was bedeutet das im Grunde? Wie können wir in seine Gestalt verwandelt werden, wenn er als der menschgewordene Sohn Gottes doch ganz anderer Natur ist als wir Menschen?

Grundsätzlich ist festzuhalten, dass Christus unserem Wesen nicht fremd oder äußerlich ist. Vielmehr ist unser Sein zutiefst von ihm geprägt und durchdrungen. Insofern er nämlich der ewige Sohn des Vaters im Himmel ist, ist er das Urbild der ganzen Schöpfung und damit die Uridee eines jeden von uns. Als die Uridee der Schöpfung ist er jener, durch den und auf den hin alles geschaffen ist (vgl. Kolosser 1,16): „Alles ist durch das Wort geworden und ohne das Wort wurde nichts, was geworden ist" (Johannes 1,3).

Das Ziel, Christus ähnlich zu werden, entspricht demnach unserem ureigensten Wesen: Weil ich Ikone Christi bin, Christus als mein Urbild in meiner Seele trage, kann ich immer mehr in sein Bild verwandelt werden. Was heißt das aber konkret? Wie können wir dieser Wirklichkeit in uns Raum geben?

Ein altbewährter Weg, Christus in uns groß werden zu lassen, ist das Sich-Einlassen auf seine Person, die uns in allem, vorzüglich aber im Wort der Schrift, in den Sakramenten und in der Beziehung zum Nächsten begegnen will. Im Betrachten seiner Gestalt – konkret erfahrbar in der Person Jesus von Nazareth – werden wir immer mehr seinem Bilde ähnlich. Indem wir uns seinem liebenden Blick aussetzen, werden wir fähig, uns zu öffnen und ihm alles in uns – selbst das Dunkle und Schwache, das Nichtgewollte und Sündhafte – anheimzustellen. Er kennt die Verworrenheiten unseres Herzens. Im Licht seines Erbarmens werden wir fähig, seine persönliche Liebe zu uns anzunehmen, und so auch immer umfassender uns selbst zu bejahen, wie wir sind. Im Blick auf ihn werden wir immer mehr wir selber, ganz (ungeteilt). „Geh deinen Weg vor mir, und sei rechtschaffen (ganz)", spricht Gott schon im Alten Bund zu Abraham (Genesis 17,1). In der lateinischen Übersetzung steht an dieser Stelle der Begriff „perfectus", „vollkommen" (von „perficere": durch und durch gewoben). Im Aufblick zu ihm und im Gehen mit ihm werden wir verwandelt: ganz – durch und durch – wir selber, eine Ikone Christi.

Ein Schrifttext, der uns in besonderer Weise in das Christusgeheimnis einführt, ist der Kolosserhymnus (Kolosser 1,12-20).[36] Paulus ruft den Kolossern die wahre Stellung Jesu Christi in Schöpfung und Erlösung in Erinnerung.[37] Dies geschieht durch ein hymnisches Bekenntnis, das in das abendliche Stundengebet der Kirche Eingang gefunden hat. Der Hymnus besteht aus zwei Strophen (Verse 15-16; V.18b-20), die durch eine Zwischenstrophe (Verse 17-18a) zusammengehalten werden. Beide Strophen sind parallel gestaltet: Dem gleichen Anfang (wörtlich: „welcher ist") folgen je ein Christusprädikat („Ebenbild" bzw. „Ursprung") mit dem Hoheitstitel „Erstgeborener" und eine Begründung, die mit „denn in ihm ..." (griechisch) eingeleitet wird. Die beiden Zeilen der Zwischenstrophe sind ebenfalls strukturgleich. Sie beginnen im Griechischen mit „Und er (selbst) ist."

Aufruf zum Dank

[12] Dankt dem Vater mit Freude!
Er hat euch fähig gemacht,
Anteil zu haben am Los der Heiligen,
die im Licht sind.

[13] Er hat uns der Macht der Finsternis entrissen
und aufgenommen in das Reich seines geliebten Sohnes.

[14] Durch ihn haben wir die *Erlösung*,
die *Vergebung der Sünden.*

Dem Hymnus vorangestellt ist ein Aufruf zum Dank: „Dankt dem Vater mit Freude" (Vers 12).[38] Denn in der Danksagung leuchten die Heilstaten Gottes auf. Das Entscheidende der froh machenden Botschaft kommt zur Sprache: In Christus ist uns Rettung und überreiche Erlösung geschenkt. Eine neue Dimension ist aufgebrochen: Durch Christus sind wir in der Taufe aus dem Kerker des Todes und der Macht des Bösen zum Licht des neuen Lebens gelangt. Aufgenommen sind wir in die Gemeinschaft des Dreieinigen Gottes und der Heiligen. Dadurch vollzieht sich ein radikaler Herrschaftswechsel. Eine Wandlung unseres Daseins und neue Lebensqualität mit Zukunftsperspektive sind uns geschenkt. Doch diese Gnade des Lebens ist immer neu zu bejahen und im Alltag umzusetzen. Durch die entschiedene Absage an das Böse/den Bösen und das bewusste Ja zum Dreifaltigen Gott gehören wir dem Herrn und bleiben im Kraftfeld seiner Liebe. Vor allem im Danken geschieht die Annahme dieses in der Taufe neu geschenkten göttlichen Lebens. Denn alles, was wir verdanken, wird uns auch wirklich zueigen. Das, was wir nicht verdanken, bleibt uns innerlich fremd. Dankbarkeit schenkt zutiefst Beziehung, baut Brücken zueinander und bewirkt Freude. Wer sich um diese lebensbejahende Grundhaltung bemüht, wird auch noch im Dunkel von Bedrängnis und Not das Licht Christi wahrnehmen.[39]

Strophe I: Christus, Mittler der Schöpfung – Verse 15-16

[15] Er ist [griechisch: welcher ist] das EBENBILD [griechisch: eikon] des unsichtbaren Gottes, der Erstgeborene der ganzen [griechisch: pas] Schöpfung.

[16] Denn in ihm wurde alles erschaffen im Himmel und auf Erden, das Sichtbare und das Unsichtbare,
Throne und Herrschaften, Mächte und Gewalten;
alles ist durch ihn und auf ihn hin geschaffen.

Die erste Strophe des Liedes besingt Christus als den Mittler der Schöpfung. Dabei wird Christus als das „Ebenbild (griechisch: eikon) des unsichtbaren Gottes" (Vers 15) bezeichnet: Er enthüllt das Antlitz des Ewigen; in ihm wird der unzugängliche Vater für uns Menschen offenbar: Wer mich sieht, sieht den Vater (vgl. Johannes 14,9).

Als die Ikone Gottes ist Jesus Christus das uns zugewandte Antlitz des Vaters.[40] Zugleich wird ihm der Titel „Erstgeborener" zugeeignet. Während im Alten Bund die Weisheit die erstgeborene Tochter Gottes ist, die anwesend war, als er die Welt erschuf (vgl. Sprichwörter 8), wird im Kolosserhymnus Christus als der Erstgeborene der ganzen Schöpfung (vgl. Vers 15) vorgestellt. Dies bedeutet, dass er gegenüber jeder Kreatur eine unüberbietbar herrscherliche *Würde* innehat. Denn alles Geschaffene ist „in ihm" und „durch ihn" (Vers 16). Er ist gleichsam der *Raum*, in dem die Welt entstand und im Dasein erhalten wird. Er ist das *Ziel* und das Woraufhin des ganzen Alls. In Christus wird allem Geschaffenen die *Vollendung* geschenkt.[41]

Zwischenstrophe – Verse 17-18a

[17] Er [griechisch: und er selbst] ist vor aller Schöpfung, in ihm hat alles Bestand.

[18] Er [griechisch: und er selbst] ist das Haupt des Leibes, der Leib aber ist die Kirche.

In der Zwischenstrophe, die sich aus zwei Zeilen mit gleichem Zeilenanfang (griech: „und er selbst") aufbaut, stehen zwei christologische Aussagen im Zentrum. Die erste betont, dass Christus „vor aller Schöpfung" (Vers 17) ist und das All im Dasein erhält: „in ihm hat alles Bestand". Die zweite hebt hervor, dass er das „Haupt des Leibes" (Vers 18) ist. Als dieses Haupt gibt er dem Weltleib, der in der Antike ein beliebtes Bild für den ganzen Kosmos ist, Einheit und Ordnung. Er ist gleichsam das tragende und leitende Prinzip, das das All zusammenhält. Gleichzeitig wird aber sein Leib mit der Kirche identifiziert (vgl. Vers 18), die – aus der Hingabe Christi am Kreuz entspringend – im Grunde die bereits verwirklichte Einheit von Menschheit und Kosmos darstellt. Auf diese Weise wird Christus in allen Dimensionen des Seins der absolute Vorrang zugesprochen.

Christus ist der Herr – eine Tatsache, die insbesondere auch in dem deutlich wird, dass der griechische Ausdruck pas (alles, ganz) im Hymnus insgesamt achtmal verwendet wird. Keinerlei Wirklichkeit ist Christus entzogen; alles ist im Machtbereich Christi; nichts, auch nicht die Sünde oder die Hölle, ist außerhalb Gottes.

Strophe II: Christus, Mittler der Versöhnung – Verse 18b-20

[18] Er ist [griechisch: welcher ist] der Ursprung,
der Erstgeborene der Toten;
so hat er in allem den Vorrang.

[19] Denn Gott wollte mit seiner ganzen Fülle
[griechisch: pleroma] in ihm wohnen,

[20] um durch ihn alles zu versöhnen.
Alles im Himmel und auf Erden
wollte er zu Christus führen,
der Friede gestiftet hat am Kreuz durch sein Blut.

Die zweite Strophe preist schließlich Christus als den Mittler der Versöhnung. Während ihn die erste als den hervorhebt, durch und in dem alles Geschaffene geworden ist, rühmt ihn die zweite als jenen, durch den Gott die Welt mit sich versöhnt hat (vgl. Vers 20). Indem er aus liebendem Gehorsam gegenüber dem Vater den Tod am Kreuz auf sich nimmt und in das Reich des Todes hinabsteigt, wird er von diesem am dritten Tag auferweckt. Weil er aus Liebe und Solidarität gegenüber uns sündigen Menschen durch alle Dimensionen des Totseins, sogar durch die äußersten Tiefen der Hölle hindurchgeht, überwindet er den Tod von innen her. In seiner Auferstehung ist der Tod entmachtet, der Bann des Bösen gebrochen: „Verschlungen ist der Tod vom Sieg" (1 Korinther 15,54). In Christi Tod und Auferstehung ist der gefallenen Menschheit ein neuer Anfang geschenkt. Er ist der „Ursprung" (griechisch: arche) und der „Erstgeborene der Toten" (Vers 18). In diesem Erlösungsgeschehen wird die ganze Fülle (griechisch: pleroma; Vers 19) des göttlichen Lebens offenbar, die einzig ein Ziel kennt: die Versöhnung: „alles im Himmel und auf Erden wollte er zu Christus führen, der Frieden gestiftet hat am Kreuz durch sein Blut" (Vers 20), durch die Hingabe seines Lebens.

Folgender Gebetstext des Kirchenvaters Gregor von Nyssa[42] ist gleichsam eine Kurzfassung des Lobgesanges auf Christus, die Ikone Gottes – zugleich eine persönliche Zusage und Ermutigung, alles daran zu setzen, um wirklich zu werden, was in uns grundgelegt ist: Ikone Christi.

Du Christus also,

der Du alle Erkenntnis und
jegliches Begreifen übersteigst,
Du, der Unsagbare,
Du, der Unaussprechliche,
Du, der Unbeschreibliche,
wolltest wiederum mich
zum Bilde Gottes machen.
Und mit diesem Plan wurdest Du
aufgrund Deiner Liebe zu uns Menschen

zum Abbild des unsichtbaren Gottes,
so dass Du mit der Dir eigenen Gestalt,
die Du angenommen hattest,
in mir Gestalt werden kannst,
auf dass also ich wiederum durch Dich
auf das Bild der Urschönheit hin
gestaltet werden kann.
Und so soll ich werden,
was ich von Anbeginn an war.

Gregor von Nyssa

Zur Besinnung

Lesen Sie aufmerksam den Kolosserhymnus (Kolosser 1,12-20)! Versuchen Sie, Christus in ihrem Herzen groß werden zu lassen! Nehmen Sie folgende Fragen zu Hilfe:

- Welche Grundstimmung ist in mir? Dankbarkeit oder Unzufriedenheit – eine Anspruchshaltung? Danken lerne ich durch Danken. Wofür will ich heute danken?

- Bemühe ich mich, Gott zu vertrauen, oder überwiegt Skepsis und Misstrauen? Bin ich bereit, Akte des Vertrauens gegen die Versuchung des Misstrauens zu setzen? Z.B.: „Jesus Christus, hilf mir, dir wirklich zu vertrauen!"

- Wo erfahre ich Finsternis? Habe ich den Mut, die Finsternis (Durststrecken, Belastungen, Zerreißproben) im täglichen Leben anzuschauen und sie ins Licht Jesu zu bringen? Es gilt, in allen Situationen das Licht Christi zu entdecken, denn er besiegt alle Finsternis.

- Christus ist die Ikone (Ebenbild) des unsichtbaren Gottes. Er ist meine wahre Ikone, ein-
geprägt in mein innerstes Wesen. Im inneren
Beten werde ich ihn immer mehr am Grunde
meines Herzens entdecken. Er hilft mir, meine eigene Identität zu finden. Bin ich bereit,
nach innen zu horchen und im inneren Beten
treu zu sein?

- In Christus ist uns die Versöhnung geschenkt.
Wo gibt es in meinem Leben Zwietracht, Streit,
Hader, Unversöhnlichkeit? Glaube ich an die
Vergebung Gottes?

- Nehme ich die Zeichen seiner liebenden Gegenwart im alltäglichen Leben wahr? Deute ich
mein Leben in seinem Licht? Wofür will ich heute danken, loben und vertrauend im Namen Jesu
bitten?

Gebet

Gütiger Vater, in deiner schöpferischen Liebe hast du
uns als dein Ebenbild geschaffen und durch die Taufe
in Jesus Christus als deine geliebten Kinder angenommen. Das Antlitz deines geliebten Sohnes hast du unserem innersten Wesen eingesiegelt. Wandle uns immer
mehr zur Ikone Jesu Christi. Mache uns zu Christen,
die aus der lebendigen Beziehung mit dir leben und
deine Frohbotschaft bezeugen, damit die Menschen an
deine Liebe glauben und zum wahren Leben gelangen.
Amen.

IV. Gebet und persönliche Berufung

1. Gott ruft beim Namen: Mose, Mose!

Aller Fortschritt im Gebet ist darauf ausgerichtet, uns immer mehr in eine Ikone, in ein lebendiges Abbild Christi zu verwandeln. Deutlich wird so, dass die Umgestaltung in Christus ein Ziel ist, das in unserem ureigensten Wesen grundgelegt ist. Diese Umgestaltung ist gleichsam die Grundberufung eines jeden von uns – eine Berufung, die unserem Selbst nicht fremd ist, vielmehr ganz der spezifischen Eigenart des Einzelnen entspricht. Insofern nämlich Christus die umfassende Wirklichkeit ist, in der wir leben, kommt durch die Entfaltung unseres je eigenen Seins ein besonderer Aspekt seiner Person zum Klingen. Im Gebet geht es demnach um eine immer tiefere Verwandlung in Christus und zugleich um das Finden und das Aufblühen der persönlichen Berufung.

Wie kann das geschehen? Prinzipiell gilt ein Zweifaches. Zum einen meint Berufung immer den einzelnen in seiner Einmaligkeit und Unwiederholbarkeit. Wie das Ähnlich-Werden mit Christus den Menschen weder konturenlos macht und entpersönlicht noch sein eigenes Streben und Wollen auslöscht, sondern echte Personwerdung anstrebt, so werden wir durch die Entdeckung unserer Berufung immer mehr wir selber. Wir werden immer mehr die Person, die wir im Grunde unseres Seins sind. Zum anderen weist eine Berufung stets über den einzelnen hinaus. Denn obwohl die Verwandlung in Christus die Person in ihrer Identität stärkt, ist damit kein egoistisches Sich-Überheben

gemeint, durch das Christus oder die Mitmenschen für die Erfüllung der eigenen Wünsche und Bedürfnisse benutzt und verzweckt werden. Wie die Verähnlichung mit Christus die Herzensenge und Ichbezogenheit aufbricht, führt uns auch der göttliche Ruf über die Grenzen unseres Selbst hinaus – in die Welt des Du, in die Weite der Hingabe und des Daseins für andere.

Sich-Empfangen und Sich-Verschenken, Selbststand und Selbsthingabe, Sammlung und Sendung, Selbstbesitz und Selbstverlust sind die Grundkonstanten jeder Berufung. Sie schließen einander nicht aus, sondern bedingen sich gegenseitig. Je mehr der einzelne von Gott her Stand in sich findet, umso mehr kann er sich liebend verschenken; je mehr er sich auf seine Sendung einlässt und sich an seine Aufgabe hingibt, desto tiefer gewinnt er sich selbst. Dies wird bereits in der Berufungsgeschichte des Mose (Exodus 3) deutlich: Der Anruf Gottes lässt Mose zu sich selbst finden und birgt gleichzeitig einen konkreten Auftrag, eine bestimmte Aufgabe in sich. Haben wir anfangs den ersten Teil dieser Szene unter dem Gesichtspunkt der Selbstoffenbarung Gottes bedacht, werden wir jetzt den zweiten Teil unter der Frage nach der Eigenart eines Berufungsgeschehens betrachten.

4 Als der Herr sah, dass Mose näher kam, um sich das anzusehen, rief Gott ihm aus dem Dornbusch zu: Mose, Mose! Er antwortete: Hier bin ich.

5 Der Herr sagte: Komm nicht näher heran! Leg deine Schuhe ab; denn der Ort, wo du stehst, ist heiliger Boden.

6 Dann fuhr er fort: Ich bin der Gott deines Vaters, der Gott Abrahams, der Gott Isaaks und der Gott Jakobs. Da verhüllte Mose sein Gesicht; denn er fürchtete sich, Gott anzuschauen.

⁷ Der Herr sprach: Ich habe das Elend meines Volkes in Ägypten gesehen, und ihre laute Klage über ihre Antreiber habe ich gehört. Ich kenne ihr Leid.

⁸ Ich bin herabgestiegen, um sie der Hand der Ägypter zu entreißen und aus jenem Land hinaufzuführen in ein schönes, weites Land, in ein Land, in dem Milch und Honig fließen, in das Gebiet der Kanaaniter, Hetiter, Amoriter, Perisiter, Hiwiter und Jebusiter.

⁹ Jetzt ist die laute Klage der Israeliten zu mir gedrungen, und ich habe auch gesehen, wie die Ägypter sie unterdrücken.

¹⁰ Und jetzt geh! Ich sende dich zum Pharao. Führe mein Volk, die Israeliten, aus Ägypten heraus!

Exodus 3,4-10

In der Wüste, beim Hüten der Schafe seines Schwiegervaters Jitro beobachtet Mose ein sonderbares Geschehen. Er sieht ein Gestrüpp, einen Dornbusch, der brennt und doch nicht verbrennt. Er will sich dieses Phänomen näher anschauen und geht darauf zu. Da offenbart sich ihm der Herr. Als er sieht, dass Mose näher kommt und bereit ist, sich einzulassen, ruft er zweimal: „Mose, Mose!" (Vers 4) Ja, Mose ist gemeint, kein anderer. Er allein ist angesprochen.

Dieser zweimalige Ruf hat in der Heiligen Schrift einen tiefen Sinn. Er zeigt einen Höhepunkt an und signalisiert gleichzeitig eine Wende, die Neues einleitet. Schon Abraham wird am Höhepunkt der Prüfung, als er bereits das Messer gegen seinen Sohn Isaak erhoben hatte, um ihn aus Gehorsam gegenüber dem Willen Gottes zu töten, vom Engel des Herrn zweimal beim Namen gerufen (Genesis 22,11), um ihn davon abzuhalten. Weil er bereit war, in seinem Sohn das Liebste loszulassen und hinzugeben, wird ihm und seinen Nachkommen neues Leben geschenkt.

Auch der Prophet Samuel erfährt in seiner Jugend dieses zweimalige Vom-Herrn-angerufen-zu-werden (1 Samuel 3,10), mit dem zugleich eine wichtige Wende in der Geschichte des Volkes Israel eingeleitet wird. Denn mit seiner Person geht die verworrene Zeit der Richter zu Ende, und eine neue Epoche, die der Könige, nimmt ihren Anfang.

Im Neuen Testament ergeht jeweils ein zweimaliger Ruf an Martha und Simon Petrus. Martha, die beim Besuch Jesu in ihrem Haus ganz in der Sorge um sein leibliches Wohl aufgeht, wird von ihm ermahnt: „Martha, Martha, du machst dir viele Sorgen und Mühen. Aber nur eines ist notwendig." (Lukas 10,41f.) Er macht sie auf das eigentlich Entscheidende im Leben, auf ein Leben aus der Gottesbegegnung, aufmerksam. Simon hingegen wird durch die zweimalige Anrede auf die Prüfung hingewiesen, die ihm bevorsteht: „Simon, Simon, der Satan hat verlangt, dass er euch wie Weizen sieben darf." (Lukas 22,31) Ihm, der seine Bereitschaft, Jesus bis in den Tod nachfolgen zu wollen, mehrmals beteuert, sagt Jesus voraus, dass er ihn dreimal verleugnen werde. Petrus wird durch die Prüfung aus der Selbsttäuschung und Selbstüberhebung in die Wahrhaftigkeit geführt. Sein Innerstes wird aufgedeckt, und es wird ihm eine aufrichtigere Hingabe an den Herrn möglich.

Beim brennenden Dornbusch markiert das zweimalige „Mose, Mose" ebenfalls eine entscheidende Wende: die Befreiung des Volkes Israel aus dem Sklavenhaus Ägyptens. Mit diesem Anruf wird Mose ermächtigt, dem Herrn Antwort zu geben und ihm ein Gegenüber zu sein: *„Hier bin ich."* (Vers 4) Zudem ist es der Auftakt für die Selbstkundgabe des Herrn. Er enthüllt sich Mose als der Gott seiner Vorfahren: *„Ich bin der Gott deines Vaters, der Gott Abrahams, der Gott Isaaks und der Gott Jakobs"* (Vers 6) sowie als der Gott der Barmherzigkeit, der die Not des Volkes gesehen und seine Klage gehört hat, der um seine Bedrängnis weiß und es in die Freiheit führen will: *„Ich habe das Elend meines Volkes in Ägypten gesehen, und ihre laute Klage über ihre Antreiber habe ich gehört. Ich kenne ihr Leid. Ich bin herabgestiegen, um sie der Hand der Ägypter zu entreißen und aus jenem Land hinaufzuführen in ein schönes, weites Land"* (Vers 7f.). Erst nachdem sich Gott als der Herr geoffenbart hat, tut er Mose die Aufgabe kund, für die er ihn auserwählt hat, und beauftragt ihn: *„Und jetzt geh!"* (Vers 10) Jetzt pack an! Jetzt ist die Zeit gekommen. Mache dich auf den Weg. *„Ich sende dich zum Pharao. Führe mein Volk, die Israeliten, aus Ägypten heraus!"* (Vers 10)

Mose ist dieser Auftrag lästig. Widerstand regt sich in seinem Herzen. Mit den unterschiedlichsten Ausreden, insgesamt fünf, möchte er sich davon zurückziehen. So wendet er ein: *„Wer bin ich, dass ich zum Pharao gehen und die Israeliten aus Ägypten herausführen könnte?"* (Vers 11) Aber Gott lässt sich nicht beirren und verheißt seinen Beistand: *„Ich bin mit dir"* (Vers 12). Damit ist Mose jedoch keineswegs zufrieden. Er stellt die Frage, was er seinem Volk sagen soll, wenn sie wissen wollen, wer ihn für diesen Dienst beauftragt hat. Gott geht darauf ein und eröffnet sich mit den für die gesamte Menschheitsgeschichte bedeutenden Worten: *„Ich bin der ‚Ich-bin-da‘."* (Vers 14) Ich bin der Daseiende, der Gegenwärtige, der im Augenblick Wirkende. Trotz dieser Antwort bleibt Mose weiterhin hartnäckig. Er räumt ein: *„Was aber, wenn sie mir nicht glauben und nicht auf mich hören"* (Vers 4,1)? Selbst diesen Einwand nimmt der Herr ernst. Er gewährt Mose ein Zeichen: sein Stab verwandelt sich jedesmal, wenn er ihn auf den Boden wirft, in eine Schlange. Aber für Mose ist das noch immer nicht genug, denn er verweist auf seine mangelnde Redegabe: *„Aber bitte, Herr, ich bin keiner, der gut reden kann"* (Vers 4,10). Schließlich, gleichsam am Höhepunkt, wird Mose endlich ganz ehrlich: *„Aber bitte, Herr, schick einen andern!"* (Vers 4,13) Waren die Ausreden bislang an der Oberfläche, wird jetzt sein eigentlicher Widerstand offenbar: Ich will nicht, ich mag nicht. Daraufhin entbrennt der Zorn des Herrn: *„Hast du nicht noch einen Bruder, den Leviten Aaron? ... Sprich mit ihm, und leg ihm die Worte in den Mund! Ich aber werde mit deinem und seinem Mund sein, ich werde euch anweisen, was ihr tun sollt, und er wird für dich zum Volk reden."* (Verse 4,14-16)

Nach diesem zähen Ringen ist Mose bereit, sich ganz auf seine Sendung einzulassen. Er kehrt nach Ägypten zurück, befreit die Israeliten aus der Versklavung und führt sie durch die Wüste dem Gelobten Land entgegen. Auf diesem Weg reift seine Berufung immer mehr heran. Er wird zum großen Fürbitter. Im Kampf gegen die Amalekiter ist sein ausdauerndes Beten entscheidend für den Sieg (vgl. Exodus 17,8-13). Beim großen Abfall unmittelbar nach der Verkündigung des Gesetzes am Gottesberg Horeb – das Volk tanzt um ein selbstgemachtes Goldenes Kalb –, springt er für Israel in die Bresche, um Verzeihung beim Herrn zu erwirken (vgl. Exodus 32,30-35). Immer neu bittet er stellvertretend für die ihm Anvertrauten den Herrn um Erbarmen und Gnade. Dabei wird er selbst vom ständigen Murren des Volkes mitgerissen und gerät durch die Halsstarrigkeit und Wankelmütigkeit Israels in eine ausweglose Situation. Sein inneres Licht verdunkelt sich, sein Auftrag lastet schwer auf ihm, seine Berufung wird für ihn fraglich. In dieser Lage wird Mose eine neue Gotteserfahrung zuteil, die ihm die Kraft gibt, durchzuhalten (vgl. Exodus 33,11-23).

Mose wendet sich in seiner Not an den Herrn. Unverblümt legt er ihm sein Anliegen dar. Er bittet ihn: *„Wenn ich aber wirklich deine Gnade gefunden habe, so lass mich doch deinen Weg wissen! Dann werde ich dich erkennen, und es wird sich bestätigen, dass ich deine Gnade gefunden habe."* (Exodus 33,13) Mose hat offenbar daran gezweifelt, auf dem richtigen Weg zu sein. Er möchte Gewissheit erlangen, dass Gott mit ihm geht. Und der Herr antwortet: „Mein Angesicht wird mitgehen, bis ich dir Ruhe verschafft habe." (Vers 14) Mose kann jedoch diese Verheißung nicht fassen und entgegnet: „Wenn dein Angesicht nicht mitgeht, dann führ uns lieber nicht von hier hinauf!" (Vers 15) Er redet mit Gott so, wie ihm zumute ist. Zudem verlangt er von ihm, dass seine Führung Israels von den anderen Völkern erkannt wird. Selbst auf dieses Ansinnen lässt sich der Herr ein: *„Auch das, was du jetzt verlangt hast, will ich tun; denn du hast nun einmal meine Gnade gefunden, und ich kenne dich mit Namen."* (Vers 17) Aber Mose versteht es selbst jetzt noch nicht und er sagt: *„Lass mich doch deine Herrlichkeit sehen!"* (Vers 18) Er verleiht damit seiner tiefsten Sehnsucht Ausdruck. Es ist gewissermaßen der Urschrei des Herzens: Lass mich deine Größe und Güte, deine Heiligkeit und Allmacht erleben!

Mose möchte in seiner Krise also wieder neu, anders als bisher, Gott erfahren. Und der Herr erhört sein Gebet und offenbart sich ihm in einzigartiger Weise. Er sagt: *„Ich will meine ganze Schönheit vor dir vorüberziehen lassen und den Namen des Herrn vor dir ausrufen."* (Vers 19) Der Name bezeichnet das Wesen Gottes, den Mose schon am brennenden Dornbusch vernehmen durfte. Er darf ihn erneut hören. Weiter heißt es: *„Ich gewähre Gnade, wem ich will, und ich schenke Erbarmen, wem ich will."* (Vers 19) Der

Wille Gottes ist absolute Souveränität und doch zugleich gnädige, erbarmende Zuwendung. Und Gott fährt fort: *„Du kannst mein Angesicht nicht sehen; denn kein Mensch kann mich sehen und am Leben bleiben."* (Vers 20) Die Wucht der Herrlichkeit Gottes kann kein Mensch ertragen. Er zeigt sich deshalb dem Mose so, wie er ihn fassen kann. Er passt sich seiner begrenzten Aufnahmefähigkeit an und fordert Mose daher auf: *„Hier, diese Stelle da! Stell dich an diesen Felsen! Wenn meine Herrlichkeit vorüberzieht, stelle ich dich in den Felsspalt und halte meine Hand über dich, bis ich vorüber bin. Dann ziehe ich meine Hand zurück, und du wirst meinen Rücken sehen."* (Verse 21-23) In diesem engen Felsspalt zieht Jahwe an Mose vorüber. An diesem Ort, wo Gott ihn hinstellt, in dieser eingeschränkten Situation, in der er sich befindet, erfährt Mose die Schönheit Gottes. Durch diese Erfahrung wächst Mose neue Kraft für den nächsten Schritt zu. Er kann jetzt mit dem Volk den Weg durch die Wüste zu Ende gehen, sie bis zum Gelobten Land geleiten.

Zur Besinnung

- Kenne ich einen Einbruch Gottes in meinem Leben? Gibt es ein Berufungserlebnis, das mich trägt?

- Was erkenne ich als meine ganz spezifische Sendung? Welchen Namen würde ich ihr geben? Wie würde ich sie umschreiben?

- Bin ich bereit, den ganzen Weg mit Gott zu gehen? Oder weigere ich mich bei Wüstenstrecken, steinigen und steilen Pfaden?

- Wie begegne ich Gott? Bin ich ihm gegenüber ehrlich? Wage ich es, so bei ihm zu sein und so mit ihm zu sprechen, wie ich bin?

- Was bedeutet für mich der Felsspalt, der enge und begrenzte Ort, in den ich gestellt werde, um Gott begegnen zu können?

Gebet

Herr, Du bist immer für uns da. Wir danken dir, dass du uns immer neu rufst, um uns tiefer an dich zu ziehen. Du willst uns aus Selbsttäuschungen in die eigene Wahrheit, aus der Enge in die Weite führen. Lass uns achtsam hören, damit wir deinem Ruf gehorchen und unseren Auftrag annehmen, den du jedem von uns zugedacht hast. Führe und stärke uns auf dem Weg unserer Berufung. Amen.

2. Die persönliche Berufung – Berufung in der Berufung

Gott ruft Mose am brennenden Dornbusch zweimal beim Namen. Er rührt ihn damit im innersten Kern seines Wesens, in der Mitte seines Herzens an. Mose ist von diesem Anruf zutiefst getroffen und erschüttert, in seiner ganzen Person herausgefordert. Ähnlich wie Mose wird auch jeder einzelne von uns in seiner Originalität und Besonderheit vom Herrn gerufen. Jeder ist angesprochen, ausnahmslos jeder; jedem ist eine persönliche Berufung zu Eigen. Was heißt das näher hin? Verschiedene Dimensionen der Berufung lassen sich unterscheiden.

Die erste, grundlegende Dimension ist der Ruf *ins Dasein*, die Berufung *zum Menschsein*. Der Mensch ist eben nicht ein „Produkt des Zufalls"[43], sondern jeder einzelne ist als Mensch ein unverwechselbares Geschöpf Gottes, ein Abbild seiner Herrlichkeit: *„Gott schuf also den Menschen als sein Abbild; als Abbild Gottes schuf er ihn. Als Mann und Frau schuf er sie."* (Genesis 1,27)

Nicht Produkt des Zufalls

Nein, ich bin nicht Produkt des Zufalls,
ich bin ins Dasein gerufen,
es gibt einen, der nicht manipuliert, dass ich bin,
sondern der liebend will, dass ich bin,
einen, der mich angeschaut hat und,
weil er mich anschaute, wusste, dass es gut ist,
gut ist für mich, gut für die Welt, dass ich bin.
Und deswegen habe ich ein Wozu.
Mein Leben ist gut für ...;
denn es ist gewollt von dem, der gut ist
und mit mir, für mich und von mir das Gute will.
So bin ich bestimmt, aber nicht fremdbestimmt,
so bin ich für das da, was größer ist als ich,
aber nicht überfordert – denn der,
der das Große von mir will,
geht mit mir, er kennt meine Freiheit von innen,
er hat sie als Freiheit geschaffen.
Dann aber bin ich auch nicht Wegwerfware zu fremder
oder eigener Verfügung,
dann bin ich ihm, der mich schuf, „heilig",
ich bin nicht entweihtes, herrenloses Niemandsgut,
ich bin geborgen und gehalten in einer Hand,
die, mich umschließend, gerade mich freigibt.

Klaus Hemmerle

Als Abbild Gottes ist der Mensch dazu bestimmt, sich als der zu bejahen, der er ist: als von Gott gewollt und gut geschaffen, von ihm bedingungslos angenommen und grenzenlos geliebt.

Innerhalb dieses allgemeinen Rufes zum Leben erfolgt – und das ist die zweite Dimension – der Ruf *zum Christsein.* Durch die Sakramente der Initiation („Einführung": Taufe, Erstkommunion und Firmung) ganz Gott übereignet und in die Kirche hineingeboren sind wir gerufen, diese sakramentale Begnadung im Alltag aufblühen zu lassen. Das geschieht in einer dreifachen Beziehung: im vertrauenden Ja zur Liebe Gottes, der mich als sein Kind angenommen und in die Gemeinschaft der Glaubenden gestellt hat, im bewussten Ja zur Kirche als Ort des Heiles, in deren Raum ich meine Entschiedenheit für Gott lebe, und im Ja zur Verantwortung, meinen Glauben als Christ anderen zu bezeugen, die Mitmenschen an dem Heil, das ich empfangen habe, teilhaben zu lassen.

Eine weitere Dimension ist der Ruf *zu einem bestimmten Stand oder Dienst* in der Kirche. Er führt uns noch tiefer in das Geheimnis der Berufung – in das Geheimnis, dass der einzelne durch das göttliche Angesprochenwerden immer mehr er selbst und doch sich selbst enteignet und den anderen übereignet wird. Das klingt paradox. Aber jeder Lebensstand weist seinem Wesen nach über sich hinaus: die *Ehe* auf die Weitergabe des Lebens und die christliche Durchdringung der Welt, das *Priestertum* auf den Dienst an den Gläubigen im Hirtenamt und in der Spendung der Sakramente, damit sie die Fülle des Lebens haben. Das Leben nach den *Evangelischen Räten* zielt auf die je größere Hingabe an die Menschen – sei es, mehr kontemplativ, primär im Gebetsdienst, sei es, stärker apostolisch geprägt, in einem konkreten Weltauftrag. Immer geht es um die Förderung des Lebens. Alle Stände zielen mit ihren unterschiedlichsten Gaben und Charismen auf das lebendige, einander ergänzende Miteinander, die vom einzelnen eine hohe Bereitschaft zu Hingabe und Treue verlangen.

> Die Berufung ist der vorhersehende Gedanke des Schöpfers über das jeweilige Geschöpf, sie ist sein Idealplan, ist wie ein Traum, der Gott am Herzen liegt, weil ihm das Geschöpf am Herzen liegt. Gott, der Vater, will diesen Plan unterschiedlich und spezifisch für jedes Leben. Der Mensch ist nämlich ins Leben gerufen, und wenn er ins Leben eintritt, trägt und findet er in sich das Abbild dessen, der ihn gerufen hat. Die Berufung ist die Einladung Gottes, sich entsprechend diesem Bild zu verwirklichen, und sie ist einzig, einmalig und unwiederholbar, weil dieses Bild unerschöpflich ist.[44]

Mit der vierten und letzten Dimension ist schließlich das angesprochen, was Berufung im Tiefsten ist, nämlich ganz persönlicher Anruf Gottes: *„Fürchte dich nicht, ... ich habe dich beim Namen gerufen, du gehörst mir"* (Jesaja 43,1). Das ist die *Berufung in der Berufung*[45], gleichsam das Heiligtum und die innerste Mitte des Menschen, der Ort der Ruhe und der innigsten Gemeinschaft mit Gott. Sie ist der „Schatz im Acker", den es um jeden Preis zu finden und zu erstehen gilt (vgl. Matthäus 13,44-46), der „neue Name" (vgl. Offbarung 2,17), den nur der Betreffende kennt und der ihm von keinem anderen als vom Herrn zugesprochen werden kann. In diesem Anruf ist die Person von einer besonderen Eigenschaft Gottes existentiell betroffen: etwa von seiner Güte, seinem Erbarmen, seiner Menschwerdung, dem Kind in Betlehem, seiner Armut oder seinem Leiden und Kreuzestod, seiner heilenden Zuwendung, seinem liebenden Blick, seinem treffenden Wort. Das berührt so sehr das Innerste der Person, dass sie dies als den eigentlichen

Kern ihrer selbst erfährt, in dem sich ihr ganzes Leben zusammenfasst. Der einzelne entdeckt seine Lebensspur und erkennt den roten Faden, der sich durch seine gesamte Lebensgeschichte zieht. Dieser persönliche Anruf verdichtet sich oft in einem ganz bestimmten Wort oder Bild, das wir als die Erfüllung unserer tiefsten Sehnsucht entdecken. Dieses Wort ist uns weder fern noch äußerlich, weder bedrängend noch eine leere Hülse; vielmehr ist es uns ganz nah (vgl. Deuteronomium 30,14; Römer 10,8), eingeschrieben in unser Herz – ein Herzwort, das uns durch unser Leben trägt, führt und leitet und in sich je neue Nuancen birgt. Das Finden dieses Wortes – und dies geschieht vornehmlich im Gebet – schenkt Frieden, Zuversicht und Hoffnung, Freude und tiefes Glück. Wenn wir uns im Gebet auf dieses innere Wort, in dem sich unsere ganze Existenz verdichtet, einlassen, es häufig wiederholen und „wiederkäuen", wird unser Gebetsleben verwandelt: Zerstreuungen und störende Gedanken haben keine Macht mehr über uns, weil wir um den Sinn unserer Berufung wissen und mit innerer Zuversicht immer wieder zu diesem Herzwort zurückkehren. Wir beten nun nicht mehr etwas, wir beten uns selber. Wir beten nicht mehr am Leben – an uns selbst vorbei wir sind vielmehr gehalten durch die lebenspendende Liebe Gottes in uns – lebenswahr Betende.

Aus einem Traum

Heute Nacht,
aber es war wohl morgens, wenn die Träume kommen,
da kam auch zu mir einer.
Was darin geschah, weiß ich nicht mehr,
aber es wurde etwas gesagt, ob zu mir, oder von mir selbst,
auch das weiß ich nicht mehr."

Es wurde also gesagt, wenn der Mensch geboren wird,
wird ihm ein Wort mitgegeben,
und es war wichtig, was gemeint war:
nicht nur eine Veranlagung, sondern ein Wort.
Das wird hineingesprochen in sein Wesen,
und es ist wie das Passwort zu allem, was dann geschieht.

Es ist Kraft und Schwäche zugleich.
Es ist Auftrag und Verheißung.
Es ist Schutz und Gefährdung.
Alles, was dann im Gang der Jahre geschieht,
ist Auswirkung dieses Wortes, ist Erläuterung und Erfüllung.
Und es kommt alles darauf an,
dass der, dem es zugesprochen wird – jeder Mensch,
denn jedem wird eins zugesprochen –, es versteht
und mit ihm ins Einvernehmen kommt.
Und vielleicht wird dieses Wort die Unterlage sein zu dem,
was der Richter einmal zu ihm sprechen wird.[46]

Romano Guardini

Zur Besinnung

Überdenken Sie die einzelnen Dimensionen der Berufung im Hinblick auf Ihr Leben! Lassen Sie sich von den folgenden Fragen leiten.

Berufung zum Menschsein:

- Kann ich mich als Mensch liebevoll aus der Hand Gottes annehmen? Kann ich ja zu mir sagen?

- Welche Züge meines Wesens finde ich schön und liebenswert? Was mag ich an mir?

- Wo leide ich an mir? Was kann ich nicht ausstehen an mir?

Berufung zum Christsein:

- Lebe ich aus der Wirklichkeit, Kind Gottes zu sein?

- Kann und will ich die Kirche als Ort meines Heils annehmen? Hindert mich etwas daran?

- Bin ich bereit, mich in die konkrete kirchliche Gemeinschaft einzufügen und sie mitzutragen?

- Will ich Zeuge sein? Bin ich offen für einen Dienst in der Weitergabe des Glaubens?

Berufung zu einem besonderen Stand oder Dienst:

- Wie lebe ich meine Berufung für ...?

- Wo suche ich mich selbst in meinem Lebensstand? Geht es mir um Karriere? Geld und Besitz? Sicherheit? Beherrschbarkeit und Macht? Spaß und Vergnügen? Perfektion?

Die persönliche Berufung:

- Habe ich meine persönliche Berufung bereits entdecken dürfen? Wie würde ich sie nennen?

- Wie heißt mein neuer Name?

- Bin ich bereit, mich herausrufen zu lassen aus alten Verhaltensmustern, falschen Bindungen und Zwängen?

Auf der Suche nach der persönliche Berufung:

- Welches Wort hat mich in meinem Leben lange begleitet?

- Welcher Gedanke aus der Geschichte des Glaubens oder der Heiligen, welches Wort Gottes findet in mir Resonanz?

- Welches Wort Gottes trägt mich durch schwierige Zeiten? Was kommt in schweren Situationen spontan in mir hoch?

Gebet

Herr, du hast mich beim Namen gerufen. Öffne mich ganz für dich und lass mich immer tiefer das Geheimnis deiner persönlichen Liebe zu mir annehmen und aus dieser lebendigen Beziehung leben. Entzünde neu in mir das Feuer deiner Liebe und hilf mir, dich heute durch mein Reden und Tun, durch mein ganzes Sein, zu bezeugen. Amen.

3. Gaben des Gebetes

Unser Gott ist ein Gott der Überraschungen. Seine Liebe ist schöpferisch. Er schenkt frei und unerwartet. Grund- und bedingungslos verleiht er seine Gaben. Wie er jeden von uns persönlich beim Namen nennt, so geht er auch mit jedem einzelnen eine ganz einmalige Beziehung ein. Jedem wendet er sich in seiner Weise zu. Mit jedem knüpft er ein unverwechselbares Band der Liebe. Ja, Gott ist wirklich „beziehungsreich". Diese einmalige Liebesbeziehung findet ihren Ausdruck im Gebet – darin, dass jedem Menschen eine besondere Gebetsweise eigen ist, die ihn mit Gott verbindet und zur Antwort der Liebe befähigt. Jedem kommt eine spezifische Gebetsgnade, ein individuelles Gebetscharisma zu.

Die Gaben des Gebetes werden den Geistesgaben *(griech. pneumatikoi)* zugezählt. Paulus kennzeichnet diese mit drei verschiedenen Begriffen. Er nennt sie „Kräfte" *(griech. energemata)*, weil sie uns an der Vollmacht der Liebe und der Siegeskraft des Auferstandenen teilhaben lassen. Sie sind gleichsam die Kraftquellen der Kirche. Dann bezeichnet er sie als „Dienstgnaden" *(griech. diakoniai)*, die den einzelnen zur Teilnahme an der selbstlos sich hingebenden Grundhaltung Jesu befähigen. Schließlich heißt er sie „Charismen" *(griech. charismata)*, insofern sie uns am befreienden und heilenden Wirken Jesu teilgeben, uns Freiheit und Freude vermitteln. Zu diesen frohmachenden Geschenken gehören auch die Gaben des Gebetes.

[4] Es gibt verschiedene Gnadengaben (charismata),
aber nur den einen Geist.

[5] Es gibt verschiedene Dienste (diakoniai),
aber nur den einen Herrn.

[6] Es gibt verschiedene Kräfte (energemata), die wirken,
aber nur den einen Gott: Er bewirkt alles in allen.

[7] Jedem aber wird die Offenbarung des Geistes geschenkt,
damit sie anderen nützt.

[8] Dem einen wird vom Geist die Gabe geschenkt,
Weisheit mitzuteilen, dem andern durch den gleichen
Geist die Gabe, Erkenntnis zu vermitteln,

[9] dem dritten im gleichen Geist Glaubenskraft,
einem andern – immer in dem einen Geist – die Gabe,
Krankheiten zu heilen,

¹⁰ einem andern Wunderkräfte, einem andern propheti-sches Reden, einem andern die Fähigkeit, die Geister zu unterscheiden, wieder einem andern verschiedene Arten von Zungenrede, einem andern schließlich die Gabe, sie zu deuten.

¹¹ Das alles bewirkt ein und derselbe Geist; einem jeden teilt er seine besondere Gabe zu, wie er will.

1 Korinther 12,4-11

Im Grunde sind die Gaben des Geistes Geschenke des auf-erstandenen Herrn, der seine Kirche je aktuell damit be-gnadet. Sie sind Zeichen der maßlosen Liebe Gottes, die aus dem Grundstrom der Liebe erfließen, den Jesus uns am Kreuz erschlossen hat. In ihnen wird die erlösende und Heil spendende Gegenwart Christi in seiner Kirche gegenwär-tig. Zudem stellen sie die notwendige Ausrüstung für den kirchlichen Alltag dar, da sie immer im Hinblick auf eine bestimmte Notsituation geschenkt werden. Das bedeutet, dass die einzelnen Charismen immer gemeinschaftsbezo-gen für den Aufbau des Leibes Christi gegeben werden. Der einzelne, dem ein Charisma von Gott her übereignet wird – und keinem wird keines zuteil, jeder Getaufte hat seine unaufgebbare Gabe und Aufgabe –, wird für die anderen in Dienst genommen.

Trotz ihrer Vielfalt – die von Paulus in den Charismenkata-logen (Römer 12; 1 Korinther 12; 1 Korinther 14; Epheser 4,11) angeführten bleiben beispielhaft – lassen sich die Gnadengaben in drei größere Gruppen einteilen. Die erste Gruppe umfasst die *Gaben des Dienens* (Tat-Charismen). Sie streben vor allem den Aufbau der Gemeinde und die Verlebendigung der Gemeinschaft der Glaubenden an. Zur zweiten Gruppe gehören die *Gaben des Wortes* (Wort-Charismen), die vorwiegend den prophetischen Dienst der

Kirche umfassen und auf die Verkündigung und auf die Glaubensvermittlung ausgerichtet sind. Die dritte Gruppe fasst in sich die *Gaben der Gottesverehrung*, durch die die persönliche Gottesbeziehung intensiviert und für die Gemeinschaft fruchtbar gemacht werden soll. Diese dienen insbesondere dem Leben, dem Heil und der Heiligung des einzelnen, dem Wachstum im Glauben, in der Hoffnung und in der Liebe. Zu diesen Gaben der Gottesverehrung gehören neben dem Charisma des Glaubens, der Gabe der Hoffnung, den Standesgnaden und der Befähigung zum Martyrium (Zeugnis) auch die Gaben des Gebetes. Dabei lassen sich, wenngleich jeder Mensch seine eigene Gebetsgnade hat, einzelne elementare Gebetscharismen unterscheiden.

Als erste Gabe des Gebetes ist die Fähigkeit zum *Lobpreis Gottes* hervorzuheben. Im Lobpreis geht der Mensch aus sich heraus, öffnet sich der Zuwendung Gottes und anerkennt seine Größe, seine unermessliche Liebe und Güte. Er preist den Herrn um seiner selbst willen. Viele Psalmen des Alten Testamentes sind Lobpsalmen: „Halleluja! Lobet den Namen des Herrn" (Psalm 135,1). „Die mit Tränen säen, werden mit Jubel ernten." (Psalm 126,5). Das Lob Gottes befähigt den einzelnen, auch in Konflikten und Grenzsituationen zu bestehen: Paulus und Silas singen im Kerker Loblieder und werden daraufhin auf wundersame Weise befreit (vgl. Apostelgeschichte 16,19-34). Im letzten ist der Lobpreis aber Ausdruck der Liebe; Liebe will nämlich loben, will den unverfügbaren Wert des anderen ins Licht stellen und preisen.

In der *Gabe des Dankes* – dem nächsten Gebetscharisma – nimmt der einzelne die Tatsache an, dass alles, restlos alles Geschenk ist. Er sagt Dank für das erhaltene Gut. Wie sich Jesus als der menschgewordene Gottessohn ganz vom Vater her empfängt und ihm gegenüber in einer Haltung der beständigen Eucharistie (= Danksagung) lebt, so sind auch wir völlig Gabe und so eingeladen, uns zu verdanken. Denn wir haben uns nicht uns selbst gegeben. Wir sind von einem anderen her, der uns ins Dasein gerufen hat und uns im Leben erhält. Für die Heiligen ist der Dank nicht nur eine Gebetsform, vielmehr eine wesentliche Grundhaltung christlicher Existenz.

Unverzichtbar ist auch die *Gabe der Fürbitte.* Durch sie sind wir ermächtigt, stellvertretend für andere vor Gott zu stehen – für jene, die selbst nicht mehr beten können oder die dringend Gebetsunterstützung benötigen. Insofern wir Menschen nämlich in der Tiefe unseres Seins miteinander verbunden sind, können wir füreinander einstehen – im Beten, aber auch im Leiden einander mittragen. Dieses stellvertretende Gebet ist eine Kraft, die nicht nur die engen Grenzen des Beters sprengt, sondern gleichzeitig den anderen in das Kraftfeld der Liebe Gottes hineinstellt; so sehr, dass durch fürbittendes Beten Versöhnung gefördert und Friede zwischen den Völkern möglich werden kann. In der Fürbitte wird in besonderer Weise die kirchliche, ja sogar die Welt umfassende Dimension des Betens greifbar.

Eine weitere Gabe ist das kirchliche *Stundengebet*, in dem wir uns dem Wort Gottes öffnen, in die Psalmen einschwingen, die inspirierte, von Gott geschenkte Antworten des Menschen sind. In ihnen wird das ganze Spektrum des menschlichen Lebens vor Gott zur Sprache gebracht und sein Wirken in allen Situationen besungen. So ist das Stundengebet für den einzelnen ein befreiendes und heilendes Geschehen. Zugleich sind wir aber im Gotteslob mit der ganzen Kirche verbunden, die sich weltweit dem Stundengebet verpflichtet weiß. Darüber hinaus stimmt auch der ganze Himmel in unseren Lobpreis ein: die Engel, die Menschen in der Vollendung und jene, die sich noch im Zustand der Läuterung befinden.

Eine andere Gabe als das Sich-Einlassen auf bestehende, bereits formulierte Gebetsworte ist die Befähigung zum *freien, persönlichen Beten*, in der der einzelne seiner Beziehung zu Gott unmittelbar Ausdruck verleiht. Diese Gebetsform hilft uns die Beziehung zum Herrn lebendig und wach zu halten. Sie ist besonders geeignet für Leerräume im Tagesablauf wie Pausen und Wartezeiten, um sich der Gegenwart des Herrn bewusst zu werden. Wenn diese Momente für den bewussten Aufblick zu ihm genützt werden, geschieht geistliches Atemholen, das durch den Tag trägt: Die Person nimmt wahr, dass der Herr da ist, auf sie wartet und ihr begegnen will. Der Augenblick, das „Jetzt und Hier" ist von seiner Gegenwart erfüllt und unendlich kostbar: Es ist die Zeit der Gnade, der Kairos ist da!

Durch das *freie persönliche Beten in Gemeinschaft* – in Gebetstreffen –, wo Christus als der Herr die Mitte ist, kann das Wirken des Heiligen Geists auch sinnenhaft aufleuchten: Menschen werden durch Gottes Wort betroffen und zum Glauben geweckt. Sie öffnen sich zum Schritt der persönlichen Umkehr und Hingabe an den Herrn. Der anwesende Herr wird im Lobpreis Gottes besungen. Das wertschätzende Miteinander wächst. Zugleich werden die Betenden ermutigt, ihren Glauben zu bezeugen und sich für andere im Dienst der Liebe zu engagieren (vgl. Epheser 5,19; Kolosser 3,16; 1 Korinther 14,26; Matthäus 18,20).

Auch die verschiedenen *Wiederholungsgebete* gehören zu den besonderen Gebetsgnaden. Die bedeutendsten von ihnen sind der Rosenkranz und das ostkirchliche Jesusgebet. Im Rosenkranz tauchen wir betrachtend in die verschiedenen Heilsgeheimnisse ein: in das Mysterium der Menschwerdung im freudenreichen, in das der Erlösung im schmerzhaften, in die Verkündigung Jesu und seiner Heilstaten im lichtreichen und in die Geheimnisse der Vollendung im glorreichen Rosenkranz. Im Jesusgebet überlassen wir uns der Person Jesu – dergestalt, dass wir im Rhythmus des Atems beständig die Gebetsformel „Herr Jesus Christus, Sohn des lebendigen Gottes, erbarme dich meiner" oder einfach den Namen „Jesus", „Jesus Christus" wiederholen.

Als eigenes Charisma gilt neben der *Gabe des inneren Gebetes* zudem die *Gabe der Anbetung.* Der Beter, der Gott als den Herrn seines Lebens anerkennt, sucht seinen Herrn und setzt sich bewusst seiner Gegenwart aus: vor dem Allerheiligsten, denn im Geheimnis der Eucharistie ereignet sich das unfassbare Wunder der Liebe, die Lebenshingabe Jesu an den Vater für uns Menschen, der wunderbare Tausch: Du in mir und ich in dir (vgl. Galater 2,20).

Auch vor einer Ikone, einem Bild oder schlicht vor einer Kerze kann der Betende unter dem liebenden Blick Gottes ihm und sich selbst näher kommen. Er lässt sich auf die Wahrheit des eigenen Herzens ein und wirft all seine Sorge, ja sich selbst ganz auf den Herrn. Er vertraut sich ihm an und ist einfach vor Ihm da – „im Geist und in der Wahrheit" (Johannes 4,24).

Als besondere Gebetsgnade ist schließlich noch das sogenannte Sprachengebet (Glossolalie, auch Zungenrede genannt) anzuführen, das in den Briefen des Apostels Paulus häufig erwähnt ist (vgl. 1 Korinther 12,10.28; 14,1-25), in der Kirche fast vergessen und im gegenwärtigen innerkirchlichen Aufbruch jedoch wieder lebendig wird. Paulus beschreibt das Beten und Singen in Sprachen als geistgewirktes Aussagen von Geheimnissen: „Denn wer in Zungen redet, redet nicht zu Menschen, sondern zu Gott; keiner versteht ihn, denn im Geist redet er geheimnisvolle Dinge" (1 Korinther 14,2). In der Glossolalie, im Singen von fremden, unverständlichen Silben und Worten, vertraut sich die Person in ihrer ganzen Geheimnishaftigkeit dem Herrn an. Zugleich preist sie auf diese Weise den Herrn als den Unaussprechlichen, der in keinen Namen, in keine menschlichen Worte gefasst werden kann. Diese Weise des Betens wirkt heilend bis in die unbewussten Schichten der Seele und fördert das innere Beten.[47]

Letztlich möchten die Gebetscharismen – und das ist ihre eigentliche Bedeutung – den einzelnen in das *immerwährende* Gebet, in ein Wandeln in der Gegenwart Gottes führen. Je mehr wir uns auf die persönliche Gebetsweise einlassen, in innerer Freiheit und Freude jene Form wählen, die uns innerlich nahe ist, umso mehr kann Gott in unserem Alltag aufstrahlen. Das Gebet durchdringt allmählich unser ganzes Leben. Unser Herz befindet sich dann im Zustand des Gebetes, wach und bereit, mit erstaunlicher Spannkraft und innerer Heiterkeit (Gelöstheit). Paulus wird nicht müde, die Christen seiner Gemeinden anzuspornen, dieses Beten, das er selbst als Kraftquelle erfahren hat, auch mit Ausdauer zu praktizieren: „Betet ohne Unterlass!" (1 Thessalonicher 5,17). Wandelt euch so zu „neuen Menschen" (vgl. Epheser 4,24; Kolosser 3,10). Das geschieht dann wirklich.

Zur Besinnung

- Welche Gaben des Gebetes sind mir bewusst?
  Welche praktiziere ich?

- Welche Gaben des Gebetes ersehne ich?
  Welche brauche ich notwendig für meinen
  Dienst?

- Bin ich mir bewusst, dass ich um Charismen
  inständig bitten sollte?

  Wenn nun schon ihr, die ihr böse seid,
  euren Kindern gebt, was gut ist,
  wie viel mehr wird der Vater im Himmel
  den Heiligen Geist denen geben, die ihn bitten.

  Lukas 11,13

Gebet

Herr, ich danke dir, dass du uns deinen Heiligen Geist
schenkst. Deine Schöpferkraft lebt und wirkt in uns.
Öffne uns für die Gaben, die du uns für das Heil anderer zugedacht hast. Bete du in uns und mache uns
bereit, dir und den Menschen in Wahrheit zu dienen.
Gib uns den Mut zum Wagnis und stärke uns im Leid
und in allen Schwierigkeiten. Ohne deine Hilfe vermö-
gen wir nichts, aber du vermagst Großes zu tun durch
uns. Amen.

4. Berufen zum Lob seiner Herrlichkeit:
Epheser 1,3-14

Die Dynamik der persönlichen Berufung drängt uns, Christus immer ähnlicher zu werden, ihn wirklich so „anzulegen wie ein Gewand" (Galater 3,27; vgl. Römer 13,14). Der Heilige Geist weckt in uns auch das Verlangen, teilzuhaben an seiner Sendung: der Verherrlichung des Vaters (vgl. Johannes 17,1-4). Wie Christus in seinem ganzen Wesen auf den Lobpreis des Vaters ausgerichtet ist, so sind auch wir zum Lob Gottes bestimmt. Ja, unsere Grundberufung ist die Lobpreisung – eine Auffassung, die vielen geistlichen Traditionen gemeinsam ist. So stellt beispielsweise Benedikt von Nursia in seiner Regel das Leben und die Tätigkeit der Mönche unter den Leitspruch „Ut in omnibus glorificetur Deus" (Damit Gott in allem verherrlicht werde), während in späterer Zeit Ignatius von Loyola seinem Leben und Wirken das Motto „Ad maiorem gloriam Dei" (Alles zur größeren Ehre Gottes) gibt und die Karmelitin Elisabeth von Dijon ihre ganze Existenz als „in laudem gloriae" (zum Lob seiner Herrlichkeit) versteht.

In bewegender Weise tritt uns dieser Gedanke im Hymnus des Epheserbriefes (Epheser 1,3-14) entgegen. Dreimal, beinahe wie ein Refrain, heißt es hier, dass wir „zum Lob seiner Herrlichkeit" (Epheser 1,6.12.14) berufen sind. In gehobener, feierlicher Sprache wird der Brief an die Epheser mit einem Loblied (griechisch: eulogia; hebräisch: berakah) auf das Heilswirken Gottes eröffnet.[48] Die Gemeinde hat das Heilshandeln Gottes erfahren und verkündet nun lobpreisend Gott als ihren Herrn und Retter. Sie antwortet auf die Gnadenzuwendung Gottes und bekennt sich zu ihm. In immer neuen Sinnabschnitten wird Gott als der

Urheber der Erwählung, Erlösung und Vollendung gepriesen. Innerhalb dessen erscheint das dreimalige „Zum-Lob-seiner-Herrlichkeit" wie ein Paukenschlag. Was bedeutet das?

> [3] Gepriesen sei der Gott und Vater unseres Herrn Jesus Christus: Er hat uns mit allem Segen seines Geistes gesegnet durch unsere Gemeinschaft mit Christus im Himmel.

Der Hymnus wird eingeleitet mit einer Aufforderung zum Lob Gottes (Vers 3: „Gepriesen sei"; griech. Urtext: „Gesegnet Gott") und einer Begründung: Weil wir von Gott her Gesegnete sind, sind wir gerufen, ihn als den Spender der Segensfülle zu preisen und zu segnen.[49] Dabei tritt im Vergleich mit den jüdischen Segensgebeten, an die sich der Text anlehnt, bereits an dieser Stelle das spezifisch Christliche zutage. Denn im Unterschied zu den Gebeten Israels, in denen Gott immer als der Herr, als der Höchste oder als der Gott der Väter angesprochen wird, wird er hier als der *„Gott und Vater unseres Herrn Jesus Christus"* bezeichnet, der uns durch Christus mit dem Segen des Geistes, des Heiligen Geistes, gesegnet hat. Schon der Aufruf zum Lobpreis bezeugt Gott als den Dreifaltigen, der uns in seinem Segen die ganze Fülle des Heils geschenkt hat und schenkt – eine Fülle, die Schritt für Schritt zu entfalten eine lohnende Sache ist.

> [4] Denn in ihm hat er uns erwählt vor der Erschaffung der Welt, damit wir heilig und untadelig leben vor Gott;

Die erste Frucht des unermesslichen Segens ist die Erwählung, und zwar als Erwählung *„vor der Erschaffung der Welt"* (Vers 4). Von Ewigkeit her stehen wir unter dem liebenden Blick Gottes. Von Ewigkeit her sind wir von Gott bejaht und gewollt. Noch bevor wir im Schoß der Mutter geworden sind, waren wir schon ein Gedanke Gottes. In Jesus Christus, dem Auserkorenen, sind wir erwählt – auserkoren, um *„heilig und untadelig"* vor Gott zu sein. Weil wir für Gott heilig, von ihm geheiligt sind, sind wir gerufen, ihm auch ganz (ungeteilt) – ohne Abstriche – anzuhangen.

> [5] er hat uns aus Liebe im voraus dazu bestimmt,
> seine Sohne zu werden durch Jesus Christus
> und nach seinem gnädigen Willen zu ihm zu gelangen,
> [6] zum Lob seiner herrlichen Gnade. Er hat sie uns geschenkt in seinem geliebten Sohn;

In einem zweiten Schritt wird diese Erwählung in Christus dann näher als Vorherbestimmung zur *„Sohnschaft"* (Gotteskindschaft) charakterisiert. *„Aus Liebe"*, unabhängig von unserem Tun und Leisten – bedingungslos – sind wir von Gott als seine Söhne und Töchter angenommen. Geschaffen im ewigen Sohn des Vaters sind wir seine geliebten Kinder.

Ja, in ihm, dem lebendigen Lobpreis des Vaters, sind wir *„zum Lob seiner herrlichen Gnade"* berufen – einer Gnade, die uns durch ihn, den *„geliebten Sohn"* immerfort zufließt.

> [7] durch sein Blut haben wir die Erlösung, die Vergebung der Sünden nach dem Reichtum seiner Gnade.

Dieser Gnadenstrom, der uns durch den Sohn geschenkt ist (vgl. Vers 6), meint die *„Erlösung"*, die hier als *„Vergebung der Sünden"* beschrieben wird. Im griechischen Begriff für *„Erlösung"* (apolytrōsis) steckt noch die Vorstellung vom Loskauf eines Gefangenen oder Sklaven.[50] Weil Jesus Christus sich aus Liebe zu uns sündigen Menschen dem Tod am Schandpfahl des Kreuzes ausgeliefert hat, sind wir von den

Fesseln der Sünde befreit. In seinem Tod ist der Tod getötet und die Sünde vernichtet. Durch sein Leiden und Sterben am Kreuz sind wir aus dem Kerker des Todes befreit – grundlos, aus reiner Gnade. Losgekaufte und Freigeliebte sind wir – *„um teuren Preis"* (1 Korinther 6,20; 7,23).

8   Durch sie hat er uns mit aller Weisheit und Einsicht
reich beschenkt

9   und hat uns das Geheimnis seines Willens kundgetan,
wie er es gnädig im voraus bestimmt hat:

10   Er hat beschlossen, die Fülle der Zeiten heraufzuführen,
in Christus alles zu vereinen,
alles, was im Himmel und auf Erden ist.

Durch die Gnade der Erlösung wird den Glaubenden eine neue Sichtweise geschenkt: die Einsicht in das bislang verborgene Heilsgeheimnis Gottes. Jetzt leuchtet im ewigen Schöpfungsplan die grenzenlos erbarmende Liebe Gottes auf. In Christus, dem geliebten Sohn, trägt sie ein menschliches Antlitz.

„Alles, was im Himmel und auf Erden ist", wird *„in Christus"* vereinigt. In ihm erreicht die Welt, die gesamte Schöpfung, ihr Ziel: die letzte Vollendung.

11   Durch ihn sind wir auch als Erben vorherbestimmt
und eingesetzt nach dem Plan dessen, der alles so verwirklicht, wie er es in seinem Willen beschließt;

12   wir sind zum Lob seiner Herrlichkeit bestimmt,
die wir schon früher auf Christus gehofft haben.

Nach der Beschreibung der kosmischen Dimension des göttlichen Heilswillens steht nun die konkrete Gemeinde der Glaubenden wieder im Zentrum. Eindrücklich wird betont, dass wir durch Christus als *„Erben"* vorherbestimmt sind.

Das an dieser Stelle verwendete griechische Wort erinnert an die Landnahme, bei der das Gebiet des Gelobten Landes zwischen den zwölf Stämmen durch das Los aufgeteilt wurde (vgl. Numeri 26,55).[51] Als Erben sind wir gleichsam jene, auf die das Los Gottes fiel. Wir sind „Erloste", von Gott Berufene – bestimmt „zum Lob seiner Herrlichkeit", zum Lobpreis des göttlichen Glanzes, der Fülle des göttlichen Lichtes (griechisch: *doxa*; hebräisch: *kabod*).

Nur im Heiligen Geist sind wir fähig, dieser wunderbaren Berufung zu entsprechen, Gott zu loben und ihm die liebende Antwort zu geben – in allen Situationen des Alltags. Und wirklich – voraushoffend – von der Dynamik der Hoffnung bewegt – in und mit Christus unser Leben zu gestalten.

> [13] Durch ihn habt auch ihr das Wort der Wahrheit gehört, das Evangelium von eurer Rettung; durch ihn habt ihr das Siegel des verheißenen Heiligen Geistes empfangen, als ihr den Glauben annahmt.
>
> [14] Der Geist ist der erste Anteil des Erbes, das wir erhalten sollen, der Erlösung, durch die wir Gottes Eigentum werden, zum Lob seiner Herrlichkeit.

In den beiden letzten Versen des Hymnus wird die Gabe des Heiligen Geistes hervorgehoben. Zunächst wird den Christen der Weg in Erinnerung gerufen, auf dem sie gläubig geworden waren. Getroffen vom *„Wort der Wahrheit"*, der konkreten Verkündigung, haben sie Rettung erfahren. Durch die Taufe ist ihnen das *„Siegel des verheißenen Heiligen Geistes"*, die Gabe des Heiligen Geistes, eingegossen worden. Das Taufsiegel bedeutet, dass wir Gott ganz übereignet sind und in seinem Schutze stehen. Abschließend wird in Vers 14 der Geist als *„der erste Anteil des Erbes, das wir erhalten sollen"*, bezeichnet. Wir haben mit dem in der Taufe empfangenen

Geist bereits das Angeld (= Anzahlung) auf unser Erbe, die künftige Herrlichkeit, erhalten. Er selbst bürgt dafür, dass die Erlösung in uns immer mehr Wirklichkeit wird, dass „wir Gottes Eigentum werden" – ganz ihm gehörig, ganz Antwort als lebendiger *„Lobpreis seiner Herrlichkeit".*

Nach dem Epheserhymnus umfasst der Segen Gottes die gesamte Existenz des Menschen.[52] Schon vor der Erschaffung der Welt erwählt und zur Kindschaft ausersehen, haben wir in Gott unseren Ursprung. Von ihm sind wir durch seinen menschgewordenen Sohn Jesus Christus aus der Verfallenheit an die Sünde und den Tod erlöst. Wir gehen auf dem Pilgerweg des Glaubens – begnadet mit dem göttlichen Geist – als Hoffende der Vollendung entgegen, der ewigen Liebesgemeinschaft mit Gott. Der dreifaltige Gott ist unser Ursprung und unser Ziel. Er hat uns erkoren (berufen) – dreimal erklingt der göttliche Ruf – *„zum Lobpreis seiner Herrlichkeit".* Weil wir aus der Herrlichkeit des dreifaltigen Gottes hervorgehen, finden wir unsere endgültige Bestimmung im Lob der göttlichen Herrlichkeit. Wir sind gerufen, immer ganzheitlicher mit Christus – im Heiligen Geist – den Vater zu lobpreisen – ohne Ende, im liebenden Dank für das unfassbare Geschenk der Erwählung.

Zur Besinnung

- Wie geht es mir bei dem Gedanken, einmalig, aus der schöpferischen Liebe Gottes geschaffen, erwählt und berufen zu sein?

- Will ich diese Berufung ergreifen, immer ganzheitlicher das zu werden, was ich eigentlich bin – ein Lobpreis Gottes?

- Loben und lieben, loben und leben sind Zuwendungen (Geschenke) Gottes, untrennbar miteinander verbunden. Öffne ich mich, um zu empfangen? Will ich bereit sein, die empfangene Gabe umzusetzen im Alltag?

- Erlaube ich mir in meinem Alltag Räume und Zeiten, wo ich auch absichtslos und zweckfrei da sein kann?

- Pflege ich den Lobpreis als persönliche Weise des Betens? Was hindert mich, Gott zu loben?

Ein Leben aus der Berufung:
„Zum Lob seiner Herrlichkeit"

Die Karmelitin Elisabeth von der Dreifaltigkeit (Elisabeth Catez 1880–1906), seliggesprochen am Christkönigsfest (25. November 1984) in Rom, lebte als junge Frau aus ihrer Berufung heraus eine große Hingabefähigkeit, theologische Tiefe und mystische Liebeskraft, und zwar: ad Laudem Gloriae – zum Lob seiner Herrlichkeit.

Sie verfasste folgendes Gebet nach der gemeinsamen Gelübdeerneuerung am 21. November 1904:

Das Gebet zur Heiligen Dreifaltigkeit (1904)

O mein Gott, Dreifaltiger, den ich anbete,
hilf mir, mich ganz zu vergessen,
um in Dir begründet zu sein,
unbeweglich und friedlich,
als weilte meine Seele schon in der Ewigkeit.
Nichts vermöge meinen Frieden zu stören,
mich herauszuverlocken aus Dir, o mein Wandelloser,

jeder Augenblick trage mich tiefer hinein
in Deines Geheimnisses Grund!
Stille meine Seele, bilde Deinen Himmel aus ihr,
Deine geliebte Wohnung und den Ort Deiner Ruhe.
Nie will ich Dich dort allein lassen,
sondern als ganze anwesend sein,
ganz wach im Glauben, ganz Anbetung,
ganz Hingabe an Dein erschaffendes Wirken.

O Christus, Geliebter, aus Liebe Gekreuzigter,
gern wäre ich eine Braut für Dein Herz,
wollte mit Verherrlichung Dich überhäufen,
Dich so lieben, dass ich daran stürbe.
Doch ich fühle mein Unvermögen, und so bitte ich Dich:
bekleide mich mit Dir selber,
eine meine Seele allen Regungen der Deinen,
überflute mich, erobere mich, setze Dich an meine Stelle,
dass mein Leben nur noch ein Strahlen des Deinen sei.

Komme in mich als Anbeter, Erneuerer und Erlöser.
O ewiges Wort, Sprache meines Gottes,
ich will mein Leben lang auf Dich lauschen,
mich in allem belehrbar machen,
um alles von Dir zu erfahren,
und durch alle Nacht, alle Leere, alle Ohnmacht hindurch
immer unbeweglich auf Dich schauen
und unter Deinem großen Lichte verharren;
o mein geliebtes Gestirn,
schlage mich in Deinen Bann,
damit ich nie mehr aus Deinem Strahlenkreis
heraustreten kann.

O allverzehrendes Feuer, *Geist der Liebe*,
falle auf mich herab, damit sich in meiner Seele
gleichsam eine Menschwerdung des Wortes vollziehe,
ich Ihm eine zusätzliche Menschennatur sei,
in der es Sein ganzes Geheimnis erneuern kann.

Und Du, *Vater*, neige Dich her
zu Deinem armen kleinen Geschöpf,
decke es zu mit Deinem Schatten,
erblicke in ihm nur den Vielgeliebten,
in den Du Dein ganzes Wohlgefallen gesetzt hast.

O meine Drei, mein All, meine Wonne,
unendliche Einsamkeit,
Unermesslichkeit, in der ich mich verliere:
als Beute bin ich Euch preisgegeben,
begrabt Euch in mir, auf dass ich mich begrabe in Euch,
bis ich endlich in Eurem Lichte schauen darf
die Abgründigkeit Eurer Größe.[53]

Gebet

Gütiger Vater, vor Erschaffung der Welt hast Du mich
in deinem geliebten Sohn erkannt und in schöpferische Liebe erschaffen. Du hast mich angesehen und
mit Würde bekleidet. Auserwählt und berufen bin ich,
dein Kind zu sein. Durch deinen Geist hast du mich
befähigt, dich zu lieben und zu loben und das Erbe zu
empfangen.

Erfülle mich neu mit dem Heiligen Geist, damit ich meinen Auftrag ganz nach deinem Willen erfülle. Mache
mich zum Zeugen deiner Liebe und lasse mich leben
und wirken zum Lob deiner herrlichen Gnade durch
Christus, unseren Herrn. Amen.

Anmerkungen

Teil I

1   Exklusiv-Interview mit Ralf Schumacher: Meine Frau, mein Baby, mein Auto, in: stern. das deutsche magazin Nr. 10 – 28. Februar 2002 – Seite 68.

2   Weisung der Väter. Apophthegmata Patrum, auch Gerontikon oder Alphabeticum genannt. Einleitung: Wilhelm Nyssen. Übersetzung: Bonifaz Miller (Sophia. Quellen östlicher Theologie; Bd. 6), Trier ³1986, 42.

3   Rilke, Rainer Maria: Briefe an einen jungen Dichter (Insel-Bücherei Nr. 406), Frankfurt am Main 1981, 35.

4   Rahner, Karl: Von der Not und dem Segen des Gebetes (Herderbücherei; Bd. 647), Freiburg im Breisgau ⁹1977.

5   Frisch, Max: Stiller. Roman, in: Ders.: Gesammelte Werke in zeitlicher Folge. Jubiläumsausgabe in sieben Bänden 1931–1985. Herausgegeben von Hans Mayer unter Mitwirkung von Walter Schmitz, Frankfurt am Main 1986, Band III, 359–780, 772.

6   „Schulbücher", die sich der Sache des Betens widmen und in jüngerer und jüngster Zeit erschienen sind, wären – in alphabetischer Reihenfolge – diese: Dienberg, Thomas: Einlassen. Die christliche Kunst des Betens, Stuttgart 2006; Halbfas, Hubertus: Der Sprung in den Brunnen. Eine Gebetsschule, Düsseldorf ⁸1988; Jalics, Franz: Lernen wir beten (Topos plus Taschenbücher; Bd. 564), Kevelaer 2005; Jürgens, Stefan: Im Gespräch mit Gott. Was Beten heißt und wie es geht, Freiburg – Basel – Wien 2005; Karrer, Leo: Der große Atem des Lebens. Wie wir heute beten können, Freiburg im Breisgau 1996; Köster, Peter: Beten lernen, konkrete Anleitungen, praktische Übungen, spirituelle Impulse, Leipzig 2003; Neuberth, M. Beate: Kleine Gebetsschule. Einfach beten lernen, Bamberg 2001; Schaller, Hans: Wenn ich beten könnte (Topos Taschenbücher; Bd. 270), Mainz 1997; Steinke, Johannes Maria: Wie Beten geht, Freiburg im Breisgau 2004.

7   Mechthild von Magdeburg: Das fließende Licht der Gottheit. Zweite, neubearbeitete Übersetzung mit Einführung und Kommentar von Margot Schmidt (Mystik in Geschichte und Gegenwart. Texte und Untersuchungen. Abteilung I: Christliche Mystik; Bd. 11), Stuttgart – Bad Cannstatt 1995, 176 [V. Buch].

8   Häring, Bernhard: Ich bete um zu leben. Einführung und Redaktion: V. Saboldi, Graz – Wien – Köln 1996. [Aus dem Italienischen von Josef Helmut Machovetz. Der Titel der Originalausgabe lautet: B. Häring / V. Salvodi, Prego perché vivo, vivo preché prego, Assisi 1994.]

9   Metz, Johann Baptist: Ermutigung zum Gebet, in: Metz, Johann Baptist – Rahner, Karl: Ermutigung zum Gebet, Freiburg – Basel – Wien 1977, 9-39, 11.

10   Wust, Peter: Ungewissheit und Wagnis, Salzburg 1937.

11   Wust, Peter: Ein Abschiedswort, Münster [11]1984, 11-12.

12   Kasper, Walter: Unsere Gottesbeziehung angesichts der sich wandelnden Gottesvorstellung, in: Ders.: Glaube und Geschichte, 1970, 101-119, 119.

13   Buber, Martin: Begegnung. Autobiographische Fragmente. Mit einem Nachwort von Albrecht Goes, Heidelberg 3., verbesserte Auflage 1978, 56.

14   Über das Gebet in den Religionen unterrichtet der Sammelband: Hofmeister, Klaus – Bauerochse, Lothar (Hrsg.): Viele Stimmen – eine Sprache. Beten in den Weltreligionen, Würzburg 2001.

15   Vgl. Grün, Anselm: Gebet als Begegnung (Münsterschwarzacher Kleinschriften; Bd. 60), Münsterschwarzach 1990.

16   Nikolaus von Kues: Vom Sehen Gottes. Ein Buch mystischer Betrachtung. Aus dem Lateinischen übertragen von Dietlind und Wilhelm Dupré. Mit einem Nachwort von Alois M. Haas (Unbekanntes Christentum), Zürich – München 1987, 35.

17   Bernhard von Clairvaux: Adventspredigt 1,10; PL 183, 40A, abgedruckt in: Ein Lied, das nur die Liebe lehrt. Texte der frühen Zisterzienser. Ausgewählt, übersetzt und eingeleitet von Bernardin Schellenberger (Herderbücherei 904), Freiburg – Basel – Wien [2]1984, 33.

18 Schaller, Hans: Wenn ich beten könnte (Topos Taschenbücher; Bd. 270), Mainz 1997, 24.

19 Quoist, Michel: Prières, Paris 1954; dt.: Herr da bin ich. Gebete. Ins Deutsche übertragen von Dr. Ludwig Reichenpfader, Graz – Wien – Köln ⁶⁰1978.

20 Claudel, Paul: Le soulier des satin ou le pire n'est pas toujours sûr, dt.: Der seidene Schuh oder Das Schlimmste trifft nicht immer ein. Deutsche Übertragung und Nachwort: Hans Urs von Balthasar, Salzburg 1939, 232.

21 Bachl, Gottfried: Mailuft und Eisgang. 100 Gebete, Innsbruck – Wien 1998, 36.

22 Hemmerle, Klaus: Dein Herz an Gottes Ohr. Einübung ins Gebet, Freiburg – Basel – Wien 1986, 17.

23 Lohfink, Norbert: Sei ein hörender Gott, in: Ders.: Hinter den Dingen ein Gott. Meditationen, Freiburg – Basel – Wien 1978, 35-45, 45.

24 Walser, Martin: Halbzeit. Roman (suhrkamp taschenbuch 94), Frankfurt am Main 1973, 354-355.

25 Rilke, Rainer Maria: Briefe. Herausgegeben vom Rilke-Archiv in Weimar in Verbindung mit Ruth Sieber-Rilke besorgt durch Karl Altheim, 3 Bände, Frankfurt am Main 1987, Band 2, 480.

26 Pesch, Otto Hermann: Das Gebet (Topos Taschenbücher; Bd. 95), Mainz 1980, 40f.

27 Weismantel, Paul: An Weihnachen sagt Gott ganz leise, in: Ders.: In der Stille der Nacht. Gedanken und Gebete zu Advent und Weihnachten, Donauwörth 1991, 60-64, 60-61 (Zitat!).

28 Augustinus: Bekenntnisse. Lateinisch und deutsch. Eingeleitet, übersetzt und erläutert von Joseph Bernhart. Mit einem Vorwort von Ernst Ludwig Grasmück, Frankfurt am Main 1987, I, 5.

29 Kierkegaard, Sören: Die Lilie auf dem Felde und der Vogel unter dem Himmel. Drei fromme Reden, Kopenhagen 1849, in: Ders.:

Kleine Schriften 1848/49 (Gesammelte Werke. 21., 22. und 23. Abteilung), Köln 1960, 37-38.

30 Vorgrimler, Herbert: Die Würde des Klagens im Angesicht des göttlichen Du, in: Ders.: Gottesgedanken – Menschenwege. Meditationen und Besinnungen, Altenberge 1996, 54-59, 58.

31 Nietzsche, Friedrich: Also sprach Zarathustra. Ein Buch für Alle und Keinen", in: Ders.: Werke I-V. Herausgegeben von Karl Schlechta, Frankfurt am Main – Berlin – Wien 1976, Band II, 548-561, 646 [Zitat!]

32 Sachs, Nelly: Glühende Rätsel, Frankfurt am Main 1968.

33 Vgl. Beirer, Georg: Die heilende Kraft der Klage, in: Steins, Georg (Hrsg.): Schweigen wäre gotteslästerlich. Die heilende Kraft der Klage, Würzburg 2000, 16-41, 17-18.

34 Scheele, Paul-Werner (Hrsg.): Die Kunst des Segnens. Altirische Texte und Bilder, Würzburg 2001, 9. Das Zitat entstammt der „Die altirische Weise der Kunst des Segnens" betitelten Einführung des Herausgebers (9-25) zu seiner Sammlung altirischer Texte und Bilder.

35 Fuchs, Ottmar: Sich segnen lassen. Blasius (3. Februar), in: Ders.: „Von solcher Hoffnung kann ich leben ...". Predigten, Luzern 1997, 94-99, 96.

36 Steffensky, Fulbert: Die Grundgeste des Glaubens – Der Segen, in: Ders.: Das Haus, das die Träume verwaltet, Würzburg 1998, 28-41, 33.

37 Bours, Johannes: Daß wir den Himmel schauen. Spuren der Menschwerdung (Herderbücherei; Band 8825), Freiburg im Breisgau 1994, 63-64, 63.

38 Rilke, Rainer Maria: Briefe an einen jungen Dichter (Insel-Bücherei Nr. 406), Frankfurt am Main 1981, 35.

39 Vgl. Ende, Michael: Über das Ewig-Kindliche, in: Scheidewege 16 (1986/87) 205-219, 207, wo er schreibt: „Wenn es mir erlaubt ist, so möchte ich dem Wort Goethes vom Ewig-Weiblichen in aller Bescheidenheit das Ewig-Kindliche beigesellen, ohne das der Mensch aufhört, Mensch zu sein."

40 Teresa von Avila. Herausgegeben, eingeleitet und übersetzt von Ulrich Dobhan (Gotteserfahrung und Weg in die Welt), Olten und Freiburg im Breisgau 1979, 104.

41 Saint-Exupéry, Antoine de: Le Petit Prince, Paris 1946, dt.: Der Kleine Prinz. Mit Zeichnungen des Verfassers, Düsseldorf 1956, 68.

42 Gedichte fürs Gedächtnis zum Inwendig-Lernen und Auswendig-Sagen. Ausgewählt und kommentiert von Ulla Hahn. Mit einem Nachwort von Klaus von Dohnanyi, Stuttgart [8]2000.

43 Klepper, Jochen: Mittagslied, in: Ders.: „Ziel der Zeit". Die gesammelten Gedichte, Bielefeld 1980, 48-50, 49.

44 Bruners, Wilhelm: Verabschiede die Nacht. Gedichte – Erzählungen – Meditationen – Biblisches. Mit Illustrationen von Resi Borgmeier, Düsseldorf 1999, 28.

45 Marti, Kurt: Zärtlichkeit und Schmerz. Notizen (Sammlung Luchterhand 337), Darmstadt und Neuwied 1981, 135.

46 Vgl. Lapide, Pinchas: Das Vaterunser – ein jüdisches oder ein christliches Gebet?, in: Renovatio 47 (1991) 108-110, 109.

47 Die Postanschrift des Klosters lautet: Missionarinnen Christi, Linderhofstraße 10, 81377 München.

48 Fraling, Bernhard: Wie kann ich das Evangelium leben?, Hildesheim 1985.

49 Frère Roger. Prior von Taizé: GLÜCKLICH WER GRENZENLOS LIEBT, in: Ders.: Aufbruch ins Ungeahnte (Herderbücherei 614), Freiburg im Breisgau [4]1979, 126-127, 127 [Zitat!].

50 Zerfaß, Rolf: Wenn Gott aufscheint in unseren Taten, in: Zulehner, Paul M.: Das Gottesgerücht. Bausteine für eine Kirche der Zukunft. Mit Texten von Josef Fischer und einer Meditation von Rolf Zerfaß, Düsseldorf 1989, 95-106.

51 Vgl. Bloy, Léon: La femme pauvre. Épisode contemporain, Paris 1897, dt.: Die Armut und die Gier. „Eine zeitgenössische Episode" übertragen und mit einem Nachwort versehen von Clemens ten Holder, Stuttgart 1950, 374.

Teil II

1   Carretto, Carlo: Wo der Dornbusch brennt. Lebenswissen aus der Wüste, Freiburg i. Br. 2001 [Neuausgabe].

2   Im Katholischen Evangelisationszentrum (KEM), Klosterhof 5, 86747 Maihingen.

3   Seit 2006 wird dazu als Aufbau-Kurs ein viertes Jahr mit zwei Kurseinheiten zum Thema „Mystik im Alltag" angeboten.

4   Bianchi, Enzo: Dich finden in deinem Wort. Die geistliche Schriftlesung. Mit einem Vorwort von Michael Schneider S.J., Freiburg im Breisgau 1988.

5   Zitiert nach: Bianchi, Enzo: Dich finden in deinem Wort, a.a.O. 43.

6   Vgl. Schürmann, Heinz: Geistliche Schriftlesung und inneres Gebet in der Obhut des Jesusgebetes. Eine praktische Anleitung, in: Johannes Joachim Degenhardt, Erzbischof von Paderborn (Hrsg.): Die Freude an Gott – unsere Kraft. Festschrift für Otto Bernhard Knoch zum 65. Geburtstag, Stuttgart 1991, 417-425.

7   Martini, Carlo M.: Von seinem Geist getrieben. Dynamische Gemeinde nach der Apostelgeschichte, Freiburg im Breisgau 1985, 13-22.

8   Vgl. Zenger, Erich: Das Buch Exodus (Geistliche Schriftlesung; Band 7), Düsseldorf 1978, 44-61.

9   Vgl. Martini, Carlo M.: Biblische Meditation: Mose und der brennende Dornbusch, in: Ders.: Dein Stab hat mich geführt. Geistliche Weisung von Mose zu Jesus. Freiburg im Breisgau 1981, 34-52.

10   Deissler, Alfons: Die Psalmen, Düsseldorf 1964, 527-530.

11   Zenger, Erich: Der Gott der Bibel. Sachbuch zu den Anfängen des alttestamentlichen Gottesglaubens, Stuttgart [3]1986, 111-112.

12   Franziskusgebete. Zusammengestellt und eingeleitet von Leonhard Lehmann im Auftrag der Interfranziskanischen Arbeitsgemeinschaft (INFAG), Werl/Westf. 1997.

13   Lambert SJ, Willi, Gebet der liebenden Aufmerksamkeit (Deutsche Sendungen von Radio Vatikan), Leutesdorf ⁷1997, 11-31.

14   Caffarel, Henri: Saal der tausend Türen. Briefe über das Gebet (Beten heute; Bd. 10), Einsiedeln ³2002, 129-130.

15   Vgl. Schmieder, Lucida: Das wahre Gottesbild nach Ezechiel 16, in: Erneuerung in Kirche und Gesellschaft. Ökumenische Zeitschrift (1988) Heft 35, 8-11.

16   Zenger, Erich: Psalmen. Auslegungen, 4 Bände, Freiburg im Breisgau 2003, Band 2: Ich will die Morgenröte wecken.

17   Alfred Delp SJ in einem Brief vom 17.11.1944 an Luise Ostreicher. Delp, Alfred: Gesammelte Schriften, 5 Bände, herausgegeben von Roman Bleistein, Frankfurt am Main 1982-1988, Band IV: Aus dem Gefängnis, Frankfurt am Main 1984, 25-28, 26.

18   Vgl. Keating, Thomas: Das Gebet der Sammlung. Eine Einführung und Begleitung des Kontemplativen Gebetes (Schriften zur Kontemplation; Band 4), Münsterschwarzach 1987, 57.

19   Bunge, Gabriel: AKEDIA. Die geistliche Lehre des EVAGRIOS PONTIKOS vom Überdruß (Schriftenreihe des Zentrums patristischer Spiritualität KOINONIA im Erzbistum Köln, herausgegeben von Wilhelm Nyssen; Band IX), Köln 1983.

20   A.a.O. 109.

21   Vgl. Arenhoevel, Diego: Erinnerung an die Väter. Genesis 12-50 (Stuttgarter Kleiner Kommentar – Altes Testament 2 –), Stuttgart ⁴1994, 117-121.

22   Kühnis, Anna-Thekla: Die Gottesmutter vom unverbrennbaren Dornbusch. Psychologische Interpretation einer russischen Ikone, Gersau (Schweiz) 1986, 47-52.

23   Zitat in: Katechismus der Katholischen Kirche. Neuübersetzung aufgrund der Editio typica Latina, München (R. Oldenbourg Verlag) – Leipzig (St. Benno Verlag) – CH-Freiburg (Paulusverlag) 2003, Paragraph 2560.

24 Ignatius von Loyola: Die Exerzitien. Übertragen von Hans Urs von Ballthasar (SIGILLUM), Einsiedeln [10]1990, 7, Nr.2.

25 Rahner, Karl: Gebete des Lebens, Freiburg im Breisgau [6]1984, 16.

26 Teresa von Ávila: Gesammelte Werke, Band 1-4. Herausgegeben, übersetzt und eingeleitet von Ulrich Dobhan OCD und Elisabeth Peeters OCD, Freiburg im Breisgau 2001 bis 2005, Band 2: Weg der Vollkommenheit (Kodex von El Escorial), Freiburg im Breisgau 2003, 199 [KAPITEL 35, Nr. 2].

27 Johannes vom Kreuz: Sämtliche Werke, 4 Bände, Einsiedeln 1963-1964, Band 3: Das Lied der Liebe. Übertragen von Irene Behn, 182 [ACHTUNDZWANZIGSTE STROPHE].

28 Teresa von Ávila: Gesammelte Werke, Band 1-4. Herausgegeben, übersetzt und eingeleitet von Ulrich Dobhan OCD und Elisabeth Peeters OCD, Freiburg im Breisgau 2001 bis 2005, Band 2: Weg der Vollkommenheit (Kodex von El Escorial), Freiburg im Breisgau 2003, 241f [KAPITEL 48, Nr. 3].

29 Schmieder, Lucida: Lobpreis Gottes – gelebte Hoffnung. Auf dem Weg zur Erneuerung der Kirche. Mit einem Vorwort von Heribert Mühlen, (Topos-Taschenbücher, Bd. 134), Mainz 1983, 126-135, 127-129.

30 Vgl. Schmieder, Lucida: Maria, die Empfangende. Heiliger Geist wird über dich kommen, in: Erneuerung in Kirche und Gesellschaft. Ökumenische Zeitschrift 1991, Heft 49. 8-9.

31 A.a.O. 8.

32 Enzyklika REDEMPTORIS MATER von Johannes Paul II. Über die selige Jungfrau Maria im Leben der pilgernden Kirche. 25. März 1987 (Verlautbarungen des Apostolischen Stuhls; Nr. 75). Herausgeber: Sekretariat der Deutschen Bischofskonferenz, Nr. 47.

33 Vgl. Schmieder, Lucida: Wider die Mutlosigkeit. Das Magnifikat: Jubellied der Kirche. Hoffnungslied der Bedrängten, in: Erneuerung in Kirche und Gesellschaft. Ökumenische Zeitschrift 1992, Heft 52, 6-7.

34 Die Benediktusregel. Lateinisch-deutsch. Herausgegeben von P. Basilius Steidle OSB, Beuron [4]1980, 189 [Kapitel 72,11f].

35 Vgl. Gnau, Dorothea: Ikonen: Nicht nur aus Holz, in: Korrespondenz zur Spiritualität der Exerzitien, Augsburg 57 (2007) Heft 91, 11–17.

36 Pfammatter, Josef: Epheserbrief, Kolosserbrief (Die Neue Echter Bibel. Kommentar zum Neuen Testament mit der Einheitsübersetzung; Band 10 und 12), Würzburg 1987, 60–64.

37 Vgl. a. a. O. 53. Im Brief an die Christen in Kolossae, einer Stadt im westlichen Teil Kleinasiens (der heutigen Türkei), stellt Paulus (oder einer seiner Schüler; die Verfasserschaft ist nicht eindeutig geklärt) sehr eindrücklich die Eigenart der Gestalt Jesu Christi heraus. In die Gemeinde, die in seinem Auftrag von Epaphras (Kol 1,7f.; 4,12f.) missioniert wurde, waren Irrlehren eingedrungen, die die universale Bedeutung Christi relativierten. Sie ließen den Christusglauben bestehen, machten die Erlösung aber von seltsamen religiösen und asketischen Praktiken abhängig (vgl. Kol 2,4–23).

38 Jungclaussen, Emmanuel: Um durch ihn alle zu versöhnen. Zum Hymnus des Kolosserbriefes. Kolosser 1,12–28, in: Ders.: Schritte in die innere Welt. Geistliche Übungen, Freiburg im Breisgau 1991, 98–118.

39 Lambert, Willi: Aus Liebe zur Wirklichkeit. Grundworte ignatianischer Spiritualität (Topos Taschenbücher; Bd. 215), Mainz 1991, 47–51.

40 Jungclaussen, Emmanuel: Um durch ihn alle zu versöhnen, a.a.O. 106.

41 Mußner, Franz: Der Brief an die Kolosser (Geistliche Schriftlesung; Band 12/1), Düsseldorf 21971, 36–47.

42 Vgl. Jungclaussen, Emmanuel: Dieser Christus also, der alle Erkenntnis und jegliches Begreifen übersteigt, der Unsagbare, der Unaussprechliche, der Unbeschreibliche, in: Ders.: Schritte in die innere Welt. Geistliche Übungen, Freiburg im Breisgau 1991, 122–134, 123.

43 Hemmerle, Bischof Klaus: Der Mensch: Nicht Produkt des Zufalls – sondern berufen!, in: Vollmert, Bruno – Löw, Reinhard – Scheffczyk, Leo – Balthasar, Hans Urs von: Schöpfung. Herausgeber und Bezugsquelle: Informationszentrum Berufe der Kirche, Freiburg im Breisgau 1988, 109–111.

44 Päpstliches Werk für geistliche Berufe: Neue Berufungen für ein neues Europa (In verbo tuo ...). Schlussdokument des Europäischen Kongresses über die Berufungen zum Priestertum und Ordensleben in Europa. Rom, 5.-10. Mai 1997. In Zusammenarbeit der Kongregationen für das Katholische Bildungswesen, für die Orientalischen Kirchen, für die Institute des geweihten Lebens und die Gesellschaften des apostolischen Lebens. 6. Januar 1998 (Verlautbarungen des Apostolischen Stuhls; Nr. 131), Herausgeber: Sekretariat der Deutschen Bischofskonferenz, Nr. 13.

45 Alphonso S.J., Herbert: Die persönliche Berufung (Münsterschwarzacher Kleinschriften; Band 75), Münsterschwarzach 1993.

46 Guardini, Romano: Berichte über mein Leben. Autobiographische Aufzeichnungen. Aus dem Nachlass herausgegeben von Franz Henrich (Schriften der Katholischen Akademie in Bayern; Bd. 116), Düsseldorf 1984, 20.

47 Mühlen, Heribert, Das Sprachengebet. In: Mühlen, Heribert (Hrsg.): Geistesgaben heute (Topos Taschenbücher; Bd. 116), Mainz 1982, 113-146.

48 Gnilka, Joachim: Der Epheserbrief (Herders Theologischer Kommentar zum Neuen Testament; Band X/2), Freiburg im Breisgau 1971, 53-87.

49 Wengst, Klaus: Mitgesegnet mit Israel. Exegetische Skizze zu Eph 1,3-14, in: Bibel und Kirche 58 (2003) 92-98.

50 Vgl. Gnilka, Joachim: Der Epheserbrief, a. a. O. 75. Das Wort „Blut" (Blut gilt im Alten Testament als Sitz des Lebens) steht für den gewaltsamen Tod Jesu am Kreuz.

51 A. a. O. 82-83.

52 Schnackenburg, Rudolf: Der Brief an die Epheser (EKK. Evangelisch-Katholischer Kommentar zum Neuen Testament; Band 10), Zürich – Einsiedeln – Köln und Neukirchen-Vlyn 1982, 42-68, 66.

53 Balthasar, Hans Urs von: Schwestern im Geist. Therese von Lisieux und Elisabeth von Dijon, Einsiedeln 1970, 469.

Beten und Gebet
Literaturauswahl

Sammelbände

Böhme, Wolfgang (Hrsg.): Hat Beten Sinn? (Herrenalber Texte 19), Karlsruhe 1980.

Fermor, Gotthard – Schmidt-Rost, Reinhard (Hrsg.): Amen. Beten als Projekt, Rheinbach 2004.

Greshake, Gisbert – Lohfink, Gerhard (Hrsg.): Bittgebet – Testfall des Glaubens (Grünewald Reihe), Mainz 1978.

Hofmeister, Klaus – Bauerochse, Lothar (Hrsg.): Viele Stimmen – eine Sprache. Beten in den Weltreligionen, Würzburg 2001.

Khoury, Adel Theodor – Hünermann, Peter (Hrsg.): Wozu und wie beten. Die Antwort der Weltreligionen, Freiburg im Breisgau 1989.

Lambert, Willi – Wolfers, Melanie (Hrsg.): Dein Angesicht will ich suchen. Sinn und Gestalt christlichen Betens, Freiburg im Breisgau 2005.

Röhlin, Karl-Heinz – Dennerlein, Norbert – Hahn, Udo (Hrsg.): Beten – Wie geht das? Eine Einführung. Im Auftrag der Generalsynode der vereinigten Evangelisch-Lutherischen Kirche Deutschlands (VELKD) herausgegeben vom Lutherischen Kirchenamt, Hannover 2006.

Salmann, Elmar – Hake, Joachim (Hrsg.): Die Vernunft ins Gebet nehmen. Philosophisch-theologische Betrachtungen, Stuttgart – Berlin – Köln 2000.

Sauer, Joseph (Hrsg.): Beten in unserer Zeit, Freiburg im Breisgau 1979.

Schmid, Hansjörg – Renz, Andreas – Sperber, Jutta (Hrsg.): „Im Namen Gottes...". Theologie und Praxis des Gebets in Christentum und Islam (Theologisches Forum Christentum – Islam), Regensburg 2006.

Steins, Georg (Hrsg.): Schweigen wäre gotteslästerlich. Die heilende Kraft der Klage, Würzburg 2000.

Willers, Ulrich (Hrsg.): BETEN: Sprache des Glaubens – Seele des Gottesdienstes. Fundamentaltheologische und liturgiewissenschaftliche Aspekte (PIETAS LITURGICA; 15) Tübingen – Basel 2000.

Monographien

Abeln, Reinhard – Kner, Anton: Beten lernt man nur durch Beten, Eichstätt 1994.

Abeln, Reinhard – Kner, Anton: Wie sollen wir beten? Gedanken und Anregungen, Regensburg 1992.

Ben-Chorin, Shalom – Kaczynski, Reiner – Knoch, Otto: Das Gebet bei Juden und Christen, Regensburg 1982.

Boros, Ladislaus: Über das christliche Beten, Mainz 1973.

Bours, Johannes: Der Gott, der mein Hirte war mein Leben lang. Mit Bibelworten beten, Freiburg im Breisgau 1977.

Brümmer, Vincent: Was tun wir, wenn wir beten? Eine philosophische Untersuchung, Marburg 1985.

Casper, Bernhard: Das Ereignis des Betens. Grundlinien einer Hermeneutik des religiösen Geschehens (PHÄNOMENOLOGIE. Texte und Kontexte. 1. TEXTE; Band 3), Freiburg – München 1998.

Demmer, Klaus: Gebet, das zur Tat wird, Freiburg im Breisgau 1989.

Dienberg, Thomas: Einlassen. Die christliche Kunst des Betens, Stuttgart 2006.

Dienberg, Thomas: Ihre Tränen sind wie Gebete. Das Gebet nach Auschwitz in Theologie und Literatur (Studien zur systematischen und spirituellen Theologie; Bd. 20), Würzburg 1997.

Dyckhoff, Peter: einfach beten, München 2001.

Grün, Anselm: Gebet als Begegnung (Münsterschwarzacher Kleinschriften; Bd. 60), Münsterschwarzach 1990.

Grün, Anselm: Gebet und Selbsterkenntnis (Münsterschwarzacher Kleinschriften; Bd. 1), Münsterschwarzach 1984.

Grün, Anselm – Reepen, Michael: Gebetsgebärden (Münsterschwarzacher Kleinschriften; Band 46), Münsterschwarzach [6]1997.

Guardini, Romano: Vorschule des Betens, Mainz und Paderborn [12]2007.

Hahn, Udo: Beten (Grundbegriffe Christentum), Gütersloh 2000.

Halbfas, Hubertus: Der Sprung in den Brunnen. Eine Gebetsschule, Düsseldorf [8]1988.

Häring, Bernhard: Gebet in einer weltlichen Welt, München 1972.

Häring, Bernhard: Gebet. Gewinn der Mitte, Graz – Wien – Köln 1975.

Häring, Bernhard: Ich bete um zu leben. Einführung und Redaktion: V. Saboldi, Graz – Wien – Köln 1996. [Aus dem Italienischen von Josef Helmut Machovetz. Der Titel der Originalausgabe lautet: B. Häring / V. Salvodi, Prego perché vivo, vivo preché prego, Assisi 1994.]

Heiler, Friedrich: Das Gebet. Eine religionsgeschichtliche und religionspsychologische Untersuchung, München 1918. Unveränderter Nachdruck der 5. Auflage mit Literaturergänzungen, Basel 1969.

Hemmerle, Klaus: Dein Herz an Gottes Ohr. Einübung ins Gebet, Freiburg – Basel – Wien 1986.

Hierzenberger, Gottfried – Rosenthal, Jos: Der betende Mensch. Eine Kultur- und Geistesgeschichte des Betens (Topos plus Taschenbücher, Bd. 569), Kevelaer 2005.

Holl, Adolf: OM & AMEN. Eine universale Kulturgeschichte des Betens, Gütersloh 2006.

Hultsch, Eric: Beten für Nicht-Beter. Möglichkeiten und Anregungen, Zürich – Einsiedeln – Köln 1973.

Imbach, Josef: Beten mit der Bibel, Leutesdorf [2]1995.

Imbach, Josef: Ich kann nicht mehr beten. Eine Herausforderung des Glaubens (Topos-Taschenbuch; 80), Mainz 1979.

Jalics, Franz: Lernen wir beten. Eine Anleitung, mit Gott ins Gespräch zu kommen (reihe engagement), München 1981.

Jalics, Franz: Lernen wir beten (Topos plus Taschenbücher; Bd. 564), Würzburg 2005.

Johne, Karin: Wortgebet und Schweigegebet. Einige persönliche Gedanken und Erfahrungen (Münsterschwarzacher Kleinschriften; 98), Münsterschwarzach 1996.

Jürgens, Stefan: Im Gespräch mit Gott. Was Beten heißt und wie es geht, Freiburg – Basel – Wien 2005.

Jungmann, Josef Andreas: Christliches Beten in Wandel und Bestand, Mit einem Vorwort zur Neuausgabe von Klemens Richter (Gemeinde im Gottesdienst), Freiburg im Breisgau 1991.

Karrer, Leo: Der große Atem des Lebens. Wie wir heute beten können, Freiburg im Breisgau 1996.

Köster, Peter: Beten lernen, konkrete Anleitungen, praktische Übungen, spirituelle Impulse, Leipzig 2003.

Krause, Vera – Werbick, Jürgen: Dein Angesicht suche ich. DU. Wege ins Beten, Stuttgart 2005.

Lambert, Willi: Beten im Pulsschlag des Lebens. Freiburg im Breisgau 1997.

Lambert, Willi: Gebet der liebenden Aufmerksamkeit (Deutsche Sendungen von Radio Vatikan), Leutesdorf [9]2000.

Lang, Walter: Das Gespräch mit Gott. Schule christlichen Betens, Buttenwiesen 2004.

Lettmann, Reinhard: Lebensnahes Beten. Gedanken über unser Sprechen mit Gott, Kevelaer [2]1980.

Leuenberger, Robert: Zeit in der Zeit. Über das Gebet, Zürich 1988.

Loew, Jacques: La Prière à l'école des grands priants, Paris 1975, dt.: In der Schule großer Beter. Übersetzt von Elisabeth Darlap und Hanns-Werner Eichelberger, Freiburg im Breisgau 1976.

Luibl, Hans Jürgen: Des Fremden Sprachgestalt. Beobachtungen zum Bedeutungswandel des Gebets in der Geschichte der Neuzeit (Hermeneutische Untersuchungen zur Theologie; Bd. 30), Tübingen 1993.

Maidl, Lydia: Desiderii interpres. Genese und Grundstruktur der Gebetstheologie des Thomas von Aquin, Paderborn – München – Wien – Zürich 1994.

Mann, Dorothee: „Du bist mein Atem, wenn ich zu dir bete". Elemente einer christlichen Theologie des Gebets, Würzburg 1998.

Martinez, José – Martinez Vila, Pablo: „Abba lieber Vater". Theologie und Psychologie des Betens, Neukirchen-Vluyn 1995.

Metz, Johann Baptist – Rahner, Karl: Ermutigung zum Gebet, Freiburg – Basel – Wien 1977.

Neuberth, Beate: Kleine Gebetsschule. Einfach beten lernen, Bamberg 2001.

Nouwen, Henri J. M.: The Only Necessary Thing. Living a Prayerful Life. Compiled and edited by Wendy Wilson Greer, New York 1999, dt.: Dem vertrauen, der mich hält. Das Gebet ins Leben nehmen. Aus dem Amerikanischen von Franz Johna, Freiburg – Basel – Wien 2003.

Osterwalder, Josef: Kleine Gebetsschule (Topos-Taschenbücher; Bd. 154), Mainz 1986.

Pausch, Johannes – Böhm, Gert: Auch schwarze Schafe können beten. Für alle, die nicht an Gott glauben und doch beten wollen, München 2002.

Pesch, Otto Hermann: Das Gebet (Topos Taschenbücher; Bd. 95), Mainz 1980. [Dieses Buch ist erstmalig 1972 in der Buchreihe „Christliches Leben" im Verlag Winfried-Werk, Augsburg, erschienen.]

Pesch, Otto Hermann: Sprechender Glaube. Entwurf einer Theologie des Gebetes (Erlöstes Dasein), Mainz 1970.

Pohlmann, Constantin: Beten ist wie Atmen. Eine Anleitung zum Gebet, Hildesheim 1985.

Rahner, Karl: Von der Not und dem Segen des Gebetes (Herderbücherei; Bd. 647), Freiburg im Breisgau [12]1985.

Röhlin, Karl-Heinz: Beten. Ein Training für Anfänger und Geübte, München 2006.

Rotzetter, Anton: Herr, eile mir zu helfen. Vertraute Gebete neu gedeutet, Freiburg – Basel – Wien 1990.

Rotzetter, Anton: An der Grenze zum Unsagbaren. Für eine zeitgemäße Gebetssprache in der Liturgie, Schwabenverlag 2002.

Schaeffler, Richard: Kleine Sprachlehre des Gebets (SAMMLUNG HORIZONTE. Neue Folge; 26), Einsiedeln – Trier 1988.

Schaller, Hans: Verbirg nicht dein Gesicht vor mir. Vom christlichen Beten und Klagen, Mainz 1982.

Schaller, Hans: Wenn ich beten könnte (Topos Taschenbücher; Bd. 270), Mainz 1997.

Scherer, Georg: Reflexion – Meditation – Gebet. Ein philosophischer Versuch, Essen 1973.

Schuth, Katharina: Die Tore des Gebetes sind niemals verschlossen. Die Wüstenväter und ihr unablässiges Beten (Theologie der Spiritualität; Bd. 3), Münster 2001.

Silberberg: Hermann – Josef: Vom Glück des Betens. Eine Gebetsschule, München 1989.

Steinke, Johannes Maria: Wie Beten geht, Freiburg im Breisgau 2004.

Sudbrack, Josef: Beten ist menschlich. Aus der Erfahrung des Lebens zu Gott gehen (Herderbücherei; Bd. 465), Freiburg im Breisgau 1973.

Ulrich, Ferdinand: Gebet als geschöpflicher Grundakt (Beten heute, 3), Einsiedeln 1973.

Untergaßmair, Franz Georg: Im Namen Jesu beten. Biblische Impulse zu christlichem Gebet, Stuttgart 1990.

Zink, Jörg: Aufrecht unter dem Himmel. Wie man beten lernen kann, Stuttgart 1994.

Zink, Jörg: Wie wir beten können, Stuttgart 2008 [Neu gestaltete Ausgabe des erstmals 1970 im Kreuz Verlag erschienenen Titels].